Thomas Müller

Deutsche Terminbörse
DTB-Basiswissen

THOMAS MÜLLER FACHVERLAG FÜR WIRTSCHAFTSINFORMATIONEN

Alle Rechte vorbehalten. Auch die fotomechanische Vervielfältigung des Werkes oder von Teilen daraus bedarf der vorherigen Zustimmung des Verlages.

Thomas Müller:
Deutsche Terminbörse DTB-Basiswissen
Rosenheim: Thomas Müller Fachverlag für Wirtschaftsinformationen,
1990
ISBN 3-9802154-2-3

1. Auflage 1990
Copyright (c) by
Thomas Müller
Fachverlag für Wirtschaftsinformationen
Münchener Str. 14, 8200 Rosenheim
Telefon 0 80 31 / 1 46 49

Exkurs in Kapitel VII: Richard Bellin, Stefan Loipfinger
Satz: Werner Franz Dolata / Elisabeth Prankl
Grafik: Jürgen Haase / Werner Franz Dolata
Umschlag: Thomas Müller / Atelier Goldschmitt

ISBN 3-9802154-2-3

... schnelles Geld an der DTB - eine Illusion?

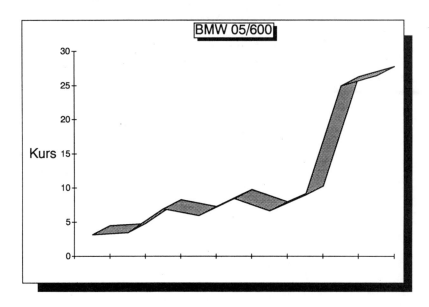

Am Dienstag, den 24.04.1990, konnten Sie einen BMW-Call Basis 600, Verfallmonat Mai, für 3.20 DM je Option erwerben. Ein Kontrakt (50 Optionen) kostete damit 160 DM, für 800 DM hätten Sie 5 Kontrakte (250 Optionen) bekommen. Die BMW-Aktie notierte zu diesem Zeitpunkt bei 565 DM.

Bis zum Freitag, den 04.05.1990, war die BMW-Aktie auf 616 DM gestiegen, der Call war indes auf 26.50 DM explodiert.

Der Wert von 5 Kontrakten erhöhte sich damit von 800 DM auf 6.625 DM - ein Kursgewinn von 5.825 DM.

Für 800 DM hätten noch nicht einmal zwei BMW-Aktien gekauft werden können. Beim Kauf dieser zwei BMW-Aktien wären aber gerade 102 DM Gewinn erzielt worden, mit der Option dagegen das 57-fache!

Oder anders ausgedrückt: Für einen Kursgewinn von 5.825 DM hätten 114 BMW-Aktien geordert werden müssen. Dies hätte einen Kapitaleinsatz von 64.410 DM erfordert - 80 mal mehr als für die Optionskontrakte!

Die BMW-Aktie hatte sich in weniger als zwei Wochen um beachtliche 9 % gesteigert. Dem steht jedoch eine Kurssteigerung des Calls von nicht weniger als 728 % gegenüber!

In diesem Beispiel konnte das eingesetzte Kapital in nur zwei Wochen versiebenfacht werden - ein Ergebnis, das sicherlich nur mit dem Spekulationsinstrument "Option" zu erzielen ist.

... riesige Verluste an der DTB - die Realität?

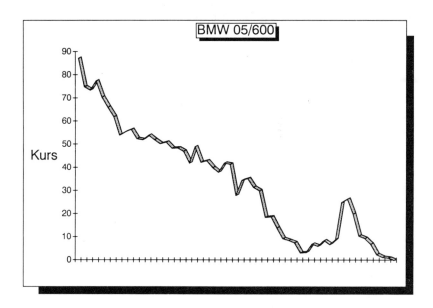

Der hier projizierte Chart stellt die Kursentwicklung des BMW Calls Mai 600 über die gesamte Laufzeit dar.

Die Option kam am 19. Februar zu einem Kurs von 87 DM erstmals auf den Markt. Der Stillhalter, der 5 Kontrakte verkaufte, konnte nicht weniger als 21.750 DM Erlös für sich verbuchen. Am Freitag, den 18. Mai, war der Verfalltermin dieser Option. Bis dahin hatte sich der Optionspreis auf Null reduziert.

Die "Wette" auf die Kursentwicklung der BMW-Aktie hat der Stillhalter für sich entschieden. Dies ist beinahe die Realität des Optionsgeschäftes. Nach der Statistik verfallen 4 von 5 Optionen wertlos, d.h. der Stillhalter erzielt bei 80 % aller Optionsgeschäfte einen Gewinn.

Des einen Freud, des anderen Leid! In diesem Beispiel hat zwar der Stillhalter den großen Profit gemacht, wie die vorhergehende Seite belegt, aber auch der Optionskäufer konnte kurzfristig erhebliche Gewinne erzielen.

Es geht beim Optionsgeschäft also um sehr viel Geld, das in ungewöhnlich kurzer Zeit seinen Besitzer wechseln kann. Im folgenden Band soll ein wenig Licht in das faszinierende Dunkel des Optionsgeschäftes gebracht werden.

Inhaltsverzeichnis

Einleitung. 5
Vorwort 11

Kapitel I
historisches
Die Geschichte der Option 16
Vergleich: DTB/Optionsmarkt 20
Der Differenzeinwand 22

Kapitel II
grundsätzliches
Was ist eine Option? 28
Calls + Puts - Der Unterschied 28
Das "opening" 30
Das "closing" 31
Chancen/Risiken 34

Kapitel III
offizielles
Basiswerte 46
Basispreise 47
Verfalltermine 49
Kontraktgröße 51
Optionspreise 51
Handelszeit 51
Limitierung 52
Kombinierte Aufträge 53
Positionslimite 55
Nebenrechte 56
Sicherheitsleistung 59
Der Settlement-Preis 63

Kapitel IV
Die DTB...
...und die Banken 66
...und die Presse 67

Kapitel V
weiteres
Der Optionspreis 74
Der innere Wert 74
Das Aufgeld 75

Kapitel VI
tieferes
Volatilität 91
Korrelation 93
Beta-Faktor 94
Put/Call-Indikator 95

Kapitel VII
steuerliches
Ertragssteuerliches 100

Kapitel VIII
organisatorisches
Organisationsstruktur 108

Anhang
Gesellschafter der Deutschen Terminbörse GmbH 114
Glossar 115
DTB - Handelsbildschirme 121

Literaturverzeichnis 124

Schlußwort 128

Vorwort

Sehr verehrter Leser,

der Siegeszug des Spekulationsinstrumentes "Option" ist unverkennbar. Ob professioneller Portfolio-Manager oder privater "Klein"-Spekulant, an der neuen Deutschen Terminbörse DTB kommt heute niemand mehr vorbei.

Zu groß sind die Möglichkeiten, die der neue Markt den Investoren bietet. Ob es darum geht, mit einem extrem geringen Kapitaleinsatz auf den Kursverlauf einer Aktie zu spekulieren, ein bestehendes Aktiendepot gegen Kursverluste abzusichern, oder die laufende Rendite eines Aktienportfolios auch bei stagnierenden Kursen zu erhöhen, der Markt ist zu attraktiv, als daß ihn der Kapitalmarktinteressierte unberücksichtigt lassen könnte.

Ob stagnierende, steigende oder gar fallende Kurse - an der DTB kann immer Geld verdient werden. Grundvoraussetzung ist es jedoch, den Markt zu verstehen, d.h. mehr als nur die Handelsusancen zu kennen. An dieser Stelle möchte das Buch "Deutsche Terminbörse DTB-Basiswissen" einsetzen. Es wird durch und durch Praxis-Wissen vermittelt, wobei versucht wird, auch dem Optionsneuling den Einstieg in die gewiß nicht unkomplizierte Materie zu ermöglichen.

Als regelmäßiger DTB-Autor in zahlreichen Börsenpublikationen sowie als Herausgeber des "DTB-optionsbriefes" ist es mein Ziel, das in vielen Jahren erworbene Wissen, um die Optionsspekulation in diesem Band an Sie weiterzugeben. In meinem Hause erscheinen auch andere Börsendienste, die sich mit unterschiedlichen Schwerpunkten der Kapitalmärkte auseinandersetzen.

Ich hoffe, mit diesem Buch größere Anlegerkreise für das Spekulationsinstrument "Option" begeistern zu können. Momentan fallen etwa 80 % aller Umsätze an der DTB auf Orders institutioneller Adressen. Diese Investoren, sind sich der riesigen Chancen der neuen Deutschen Terminbörse bewußt. Den Wissensvorsprung, den diese Adressen gegenüber dem privaten Publikum haben, möchte ich mit diesem Band, soweit wie möglich, reduzieren.

Ich würde mich freuen, wenn ich mit diesem Buch den einen oder anderen für die Materie "Option" begeistern könnte. Das Grundrüstzeug für ein "Überleben" an der DTB halten Sie gerade in Händen. Machen Sie das Beste daraus!

Rosenheim, Juni 1990   Thomas Müller

Die Rolle des Spekulanten

Nur allzu häufig wird die Rolle, die der Spekulant in einem freiheitlichen Wirtschaftssystem spielt, in der breiten Öffentlichkeit mißverstanden. Noch heute wird es auch in der zweifellos aufgeklärten Gesellschaft nicht selten als etwas ehrenrühriges angesehen, zu spekulieren.

Der Spekulant als solcher ist jedoch fälschlicherweise in Verruf geraten: denn der Begriff "spekulieren" bedeutet nichts anderes als "ausspähen", "beobachten" oder "ins Auge fassen". Wer also Chancen ausspäht und versucht, aus seinen Beobachtungen Nutzen zu ziehen, der muß in einem freien Wirtschaftssystem als clever, weitsichtig und fortschrittlich gelten.

Mit anderen Worten: Spekulanten sind im heutigen Wirtschaftsleben so unverzichtbar wie das Salz in einer faden Suppe. Der Spekulant spielt bei der Schaffung effizienter Terminbörsen eine entscheidende Rolle. Er übernimmt mehrere wichtige Funktionen, indem er seine ureigenen Interessen, nämlich Gewinne zu erzielen, verfolgt. Die Aktivitäten des Spekulanten wirken sich entscheidend auf Angebot und Nachfrage an den Terminbörsen aus, ermöglichen die Abwicklung größerer Aufträge bei einem Minimum an Preis- und Kursschwankungen.

Landwirte, Viehzüchter, Exporteure, rohstoffverarbeitende Unternehmen und vor allem auch institutionelle Anleger sehen das Risiko möglicher Preis- und Kursfluktuationen an den Terminbörsen nicht selten als eine Belastung an und versuchen, dieses Risiko so gut wie möglich auszuschalten, um verläßliche Kalkulations-Grundlagen zu erreichen.

Über die Terminbörse läßt sich dieses Risiko an den Spekulanten weitergeben; denn er ist gewillt, gegen Zahlung einer Prämie das bestehende Risiko freiwillig zu übernehmen, da er sich gerade von möglichen Preisveränderungen Gewinne verspricht. Diejenigen, die ihre Rohstoff- oder Wertpapier-Positionen gegen Preisschwankungen absichern, können bei niedrigeren Kosten effizienter arbeiten. Spekulanten erzielen dann keine Gewinne, wenn die von ihnen erwartete Preisentwicklung nicht eintritt.

Die Aktivitäten der Terminbörsen-Spekulanten gleichen zudem bestehende Lücken zwischen Angebot und Nachfrage aus. Wenn z.B. in Zukunft mit einem Mangel an Rohstoffen oder einer kräftigen Nachfrage-Steigerung bei Wertpapieren zu rechnen ist, so wird der Spekulant an den Terminbörsen in Erwartung steigender Preise durch sein Engagement einen Teil der Rohstoffe oder Wertpapiere bereits frühzeitig "aus dem Markt nehmen". Diese Menge steht dann zur späteren Bedarfsdeckung zur Verfügung.

Ohne diesen vorwegnehmenden "Rationierungs-Effekt" könnte ein späterer Mangel zu Lieferungs- und Versorgungsproblemen sowie zu destruktiv hohen Preisen führen. In dieser Eigenschaft funktioniert der Terminbörsen-Spekulant also praktisch als eine Art Frühwarn-System.

Es kann als Ironie des Schicksals angesehen werden, daß die Spekulation als solche nicht nur in der Bundesrepublik, sondern auch in den USA kritisiert wird, die von ihrer Existenz am meisten profitieren: nämlich von den Verbrauchern und Rohstoff-Erzeugern. Und für einige Wirtschafts-Unternehmen kann gelten: "Wer sich nicht an den Terminbörsen (als Hedger) engagiert und seine Risiken abdeckt, der ist ein Spekulant".

HANDELSBLATT vom 13.9.1989

Kapitel I

historisches

Die Geschichte der Option

Die Option bzw. der Terminkontrakt ist das Spekulationsinstrument "par excellance". Mit kleinen Einsätzen können riesige Gewinne erzielt werden. Das Verlustrisiko ist aber so hoch, wie nirgendwo anders auf dem Kapitalmarkt. Jeder Teilnehmer an der DTB muß wissen, daß die "Option" kein Anlage-, sondern ein Spekulationsinstrument ist.

Die Spekulation ist so alt wie der Handel. Dennoch wird und wurde sie schon immer als etwas negatives, unseriöses, für die Allgemeinheit schädliches angesehen und vom Charakter her dem Glücksspiel zugeordnet.

Der Erste uns heute noch bekannte (Groß-)Spekulant war Joseph von Ägypten, der bereits in der Bibel erwähnt wurde. Der Finanzberater des Pharao kaufte in den berühmten 7 fetten Jahren riesige Getreidevorräte, die er in den folgenden 7 Jahren nach und nach mit hohen Gewinnen wieder veräußerte. Vielleicht war der Haß der ausgehungerten und verarmten Ägypter gegenüber Joseph Grundlage für die bis heute andauernde negative Meinung gegenüber der Spekulation. Mancher Nationalökonom sieht in ihm jedoch weniger einen der ersten Spekulanten, als vielmehr den Vater der Planwirtschaft.

Aus dem Handel mit agrarwirtschaftlichen Produkten entstand im Laufe der Zeit auch der Handel mit Optionen. Die Bauern benötigten feste Abnahmepreise, mit denen sie kalkulieren konnten; die Händler brauchten zugesicherte Mengen, um ihren Lieferverpflichtungen termingerecht nachkommen zu können.

Seinen Beginn fand der organisierte Terminhandel Anfang des 16. Jahrhunderts in Holland, als Gewürze und Seidenstoffe aus Ostasien importiert wurden. Die Schiffe brauchten für den Seeweg um das "Kap der guten Hoffnung" Jahre. Hatte ein Flottenverband dann einige Monate Verspätung, schossen die Preise für die benötigten Rohstoffe rapide in die Höhe. Wenn die Schiffe mehr geladen hatten und früher eintrafen als erwartet, gaben die Preise der Rohstoffe ebenso drastisch nach.

Die Händler suchten händeringend nach einer Möglichkeit, die gewaltigen Preisschwankungen niedrig zu halten, um über einen längeren Zeitraum hinweg kalkulieren zu können. Diesen Wunsch verwirklichten Spekulanten, die als Zwischenhändler auftraten. Sie verkauften den amsterdamer Händlern ganze Schiffsladungen, lange bevor die Waren an Land waren. Wenn die ankommenden Schiffe große Mengen brachten, konnten diese Spekulanten zu günstigen Preisen einkaufen, um mit gutem Gewinn die Ware an die Händler weiterzuveräußern. Blieben die Schiffe lange aus, oder hatten sie zu wenig geladen, mußten sich die Spekulanten auf dem leergefegten freien Markt zu hohen Preisen eindecken, um ihren Lieferverpflichtungen gegenüber dem Gewürz- und Tuchhändlern nachzukommen.

Um ihren Marktpartnern eine feste Kalkulation zu ermöglichen, nahmen die Spekulanten also hohe Risiken auf sich. Sie konnten dadurch jedoch auch riesige Gewinne erzielen. Zwischen den Zwischenhändlern von Pfeffer und Seide vor beinahe 400 Jahren und dem Options- oder Futurekäufer von heute, gibt es insofern keinen Unterschied.

Indem die Spekulanten Preis- bzw. Kursrisiken übernehmen, die anderen Marktteilnehmern zu hoch sind, spielen sie eine bedeutende, weil stabilisierende Rolle in der Wirtschaft und an der Börse. Wie kommt dann die folgende, Jahrhunderte alte Meinung über die Spekulanten zustande?

> Spekulanten sind unordentliche, windige Gesellen, die anrüchigen Geschäften nachgehen und auf Kosten anderer, ordentlicher Bürger, denen sie Verluste zufügen, unverdiente Gewinne ohne Eigenleistung erzielen. Sie sind Hasardeure, Spielernaturen und Nichtstuer, die anständige Menschen ausbeuten.

Der Grund für diese wenig schmeichelhafte Meinung über Spekulanten dürfte abermals in Holland zu finden sein. In der ersten Hälfte des 17. Jahrhunderts lag ganz Holland in einem wahrhaften Tulpenzwiebel-Rausch. Der Handel mit Optionen auf Tulpenzwiebeln war das Lieblingsobjekt der Spekulation.

Die Zwiebelpreise stiegen über Jahre hinweg. Immer mehr Bürger gaben ihren Beruf auf, um durch Optionsgeschäfte mit Zwiebeln zu Reichtum und Ansehen zu gelangen. Nichts schien einfacher. Die Preise stiegen und stiegen bis ins Astronomische. Der Markt wurde immer heißer, auf der Spitze kam das unausweichliche Ende jeder Hausse - der Markt brach 1638 plötzlich zusammen, die Preise fielen ins Bodenlose. Die gekauften Optionen waren auf einmal nichts mehr wert; wer sich verpflichtet hatte, Tulpen zu einem bestimmten Preis zu kaufen, hatte plötzlich Hemd und Hose verspielt. Zum großen Teil war damals auf Kredit spekuliert worden. Viele Spekulanten mußten für die Tilgung ihr ganzes Hab und Gut verkaufen. Auf einen Schlag war die Mehrheit der Bevölkerung wirtschaftlich ruiniert, die Selbstmordraten waren so hoch, wie niemals vorher oder nachher. Der Handel mit Optionen wurde daraufhin verboten, Holland fiel in eine lange und schwere Depression.

Nach fast jedem großen Crash traf die Optionsmärkte in den vergangenen Jahrhunderten immer wieder das Schicksal, daß der Handel zunächst eingestellt und später wieder eröffnet wurde. Alles mögliche konnte/kann auf Termin ge- oder verkauft werden: Devisen, landwirtschaftliche Produkte, Edelmetalle, Zins- bzw. Indexkontrakte oder eben Aktien. Zu Beginn dieses Jahrhunderts entwickelte sich in Chicago ein Zentrum für den Handel auf Agrarprodukte. Als dort der Handel 1936 wieder einmal eingestellt wurde, verlagerte sich das Geschäft nach London.

Der Terminhandel auf Aktien wurde in Folge des großen Börsencrash von 1929 in den USA, wie in Europa eingestellt. Das amerikanische Barometer für den Aktienmarkt, der Dow-Jones-Index, war von 400 Punkten auf 40 Punkte gefallen. Wieder einmal war eine ganze Generation ruiniert, wieder einmal häuften sich die Selbstmordraten.

1973 wurde schließlich in Chicago erstmals eine Optionsbörse eröffnet, wie wir sie heute kennen. Das Revolutionäre an der "Chicago Board of Options Exchange" (CBOE) war, daß die Kontrakte erstmals standardisiert waren und eine übergeordnete Institution (Clearing-Stelle) für die Abwicklung verantwortlich war. Wegen der Festlegung der Verfallmonate und Basispreise der Optionen konnte der Handel wesentlich effektiver abgewickelt werden. Da sich kein Teilnehmer mehr über die Liquidität seines Marktpartners sorgen mußte, gab es fortan kein Risiko mehr, daß Optionsgeschäfte nicht bedient werden konnten.

Den unwahrscheinlichen Erfolg der CBOE konnte niemand voraussehen. Von etwas über 1 Mio. Kontrakten 1973 stieg der Umsatz auf 143 Mio. Kontrakte 1988. Das Handelsvolumen erhöhte sich seit der Gründung der CBOE um durchschnittlich 20 Prozent per Anno. Die CBOE wurde Vorbild für alle Options- und Terminbörsen, die in den letzten Jahren eröffnet wurden.

Die erste europäische Terminbörse wurde 1978 in Amsterdam eröffnet. In den Folgejahren entstanden Terminmärkte in London (LIFFE), Stockholm (OM), Paris (MATIF) und Zürich (SOFFEX).

In Deutschland wurde nach einer vierzigjährigen Unterbrechung zwar 1970 wieder der Optionshandel aufgenommen, so richtig funktioniert hat er jedoch noch nie. Im Laufe der Jahre wurden die Handelsusancen immer wieder verändert. Nachdem 1983 die Optionsbedingungen standardisiert wurden, stiegen die Umsätze auf dem deutschen Optionsmarkt deutlich an; ein internationaler Anschluß gelang jedoch nie. Zu sehr behinderten zahlreiche Handelsrestriktionen und vor allem die rechtliche Behandlung von Optionsgeschäften (siehe Differenzeinwand). Der alte Optionsmarkt konnte trotz seines zwanzigjährigen Bestehens niemals den Stellenwert erreichen, den andere Terminmärkte, die später eröffnet wurden, in ihren Heimatländern schon lange hatten.

Vergleich: DTB/Optionsmarkt

Lange mußten institutionelle und private Optionsspekulanten auf eine funktionierende Optionsbörse warten. Der alte Optionsmarkt bot aufgrund zahlreicher Handelsrestriktionen eine nur sehr begrenzte Zahl an Spekulationsmöglichkeiten. Es waren praktisch nur die vier Grundgeschäftsarten möglich.

Optionen konnten zwar gekauft werden, da aber die Umsätze in manchen Titeln extrem niedrig waren, hatten Investoren oft Probleme, die Papiere wieder loszuwerden. Das Ausüben der Optionen und das sofortige Glattstellen der Position am Aktienmarkt waren häufig die einzige Möglichkeit, aus einem Engagement wieder herauszukommen. Alleine durch die erheblich höhere, weil doppelte Spesenbelastung, waren daher die Gewinnmöglichkeiten wesentlich niedriger als an der DTB.

Erhebliche Unterschiede gibt es bei der Rendite aus Stillhaltergeschäften. Für den Verkauf von Verkaufsoptionen mußten 40 Prozent des vereinbarten Basispreises als Sicherheit hinterlegt werden. Wer als Stillhalter in Kaufoptionen agieren wollte, mußte sogar alle veroptionierten Aktien sein Eigen nennen. An der DTB müssen dagegen neben dem Optionspreis maximal 10 Prozent des Aktienkurses zur Absicherung hinterlegt werden. Durch den deutlich niedrigeren Kapitaleinsatz sind prozentual wesentlich höhere Renditen möglich. Vor allem können sich Stillhalter an der DTB durch den Rückkauf der verkauften Optionen jederzeit von ihrer Lieferverpflichtung entbinden. Am alten Optionsmarkt dagegen war "stillhalten" angesagt, d.h. der Verkäufer einer Option konnte bis zum Ende der Laufzeit nicht mehr aus seiner Position heraus.

Wegen der unattraktiven Handelsusancen mußten sich die Spekulanten, die größere Beträge einsetzen wollten, an die Optionsbörsen in der USA, Frankreich und der Schweiz wenden. Durch das Fehlen dieser besonders kapitalkräftigen Anleger führte der alte Optionsmarkt schon immer ein Schattendasein.

Aufgewacht HANDELSBLATT: Bensch

Die DTB wurde am 26. Januar 1990 eröffnet. Die Uhren standen dabei auf 5 vor 12, denn ohne funktionierende Terminbörse konnte der Finanzplatz Deutschland niemals internationale Anerkennung erhalten. Es war die Errichtung einer Terminbörse notwendig, die der Wirtschaftskraft des Landes und der Stärke seiner Währung entsprach.

> "Die Eröffnung der Deutschen Terminbörse ist eines der wichtigsten Ereignisse der 90er Jahre auf den Kapitalmärkten. Von ihr werden tiefgreifende Einflüsse auf das Handelsgeschehen an den Wertpapiermärkten in Deutschland, aber auch an anderen Finanzplätzen der Welt ausgehen. Als eine der modernsten Börsen der Welt vereinigt die Deutsche Terminbörse alle notwendigen Funktionen des Handels, des Clearings und des Settlements in einem einzigen System."

Treffender kann man die Bedeutung der DTB nicht ausdrükken. Das Zitat stammt von Alfred Schmidt, dem hessischen Minister für Wirtschaft und Technik.

Der lange Zeit uneinholbar erscheinende Vorsprung der ausländischen - insbesondere der europäischen - Terminmärkte wird wettzumachen sein. In naher Zukunft wird der Gesetzgeber den Investmentfonds und den Versicherungen die Teilnahme am Termingeschäft gestatten. Durch die Beseitigung des Differenzeinwandes steht dem privaten Anleger der Gang zur DTB bereits offen. Stück für Stück sollte das über Jahre hinweg ins Ausland transferierte Spekulationskapital wieder auf den heimischen Terminmarkt fließen. Die Liquidität der DTB wird sich damit kontinuierlich erhöhen. Und gerade die steigenden Umsätze sind es, die den Markt immer attraktiver und fairer machen.

Die technischen Voraussetzungen für die DTB sind hervorragend. Nach und nach dürften die vielen Spekulationsvarianten, die Optionen und Terminkontrakte bieten, auch vom breiten Anlegerpublikum erkannt werden.

Der Differenzeinwand

Bis zum 1. August 1989 litt der Optionshandel unter dem sog. Differenzeinwand. In einem Urteil des Bundesgerichtshofes wurde 1984 erklärt, daß Optionsgeschäfte grundsätzlich Differenzgeschäfte seien und damit als Verträge mit Spielcharakter gemäß BGB nicht verbindlich sein könnten. Die Folge war, daß Personen die keine Vollkaufleute waren, als "nichttermingeschäftsfähig" galten, womit Optionsgeschäfte für sie schuldrechtlich gesehen null und nichtig waren. Und d.h. nichts anderes, als daß entstandene Verluste bis zu 30 Jahre lang wieder eingeklagt werden konnten!

Das Verhalten der Banken, die sich jahrzehntelang der Regreßgefahr ausgesetzt sahen, war absehbar. Mit hohen Spesensätzen und für viele Kleinanleger unerfüllbaren Mindestauftragssummen (z.B. 5000 DM je Auftrag) wurden die privaten Spekulanten vom Optionsmarkt ferngehalten. Zudem wurden oft noch zusätzliche Sicherheiten bis zur Höhe des eingesetzten Spekulationskapitals verlangt.

Nach dem großem Crash 1987 nutzen viele plötzlich "nichttermingeschäftsfähige" Spekulanten den Differenzeinwand und klagten ihre Verluste wieder ein. Die Folge war, daß die Banken mit der Auswahl der Kunden, für die Optionsgeschäfte ausgeführt wurden, noch restriktiver wurden. Das Geschäft mit Neu-Kunden kam beinahe vollkommen zum Erliegen.

Im Sommer 1989 hat der Gesetzgeber dann schließlich dem Bankendebakel ein Ende gesetzt. Im Hinblick auf die Eröffnung der DTB wurde ein "Aufklärungsmodell" geschaffen. In einer Novelle des Börsengesetzes wurde Privatpersonen die volle Termingeschäftsfähigkeit zuerkannt, sofern diese über die Risiken von Optionsgeschäften informiert wurden. Diese Aufklärung muß schriftlich erfolgen und, um einen Gewöhnungseffekt zu vermeiden, jährlich zum Zeichen der Kenntnisnahme wiederholt werden. Der Jurist spricht von der "Termingeschäftsfähigkeit kraft Information".

Vor Ihrem ersten Optionsgeschäft werden Sie also das nebenstehende Formular unterschreiben müssen.

# Wichtige Information
über die Verlustrisiken bei Börsentermingeschäften

Depotinhaber _____   Depot-Nr. _____

Anschrift _____

Sehr geehrter Geschäftsfreund,

bei Börsentermingeschäften stehen den Gewinnchancen hohe Verlustrisiken gegenüber. Deshalb können Sie solche Geschäfte nur verbindlich abschließen, wenn wir Sie vor Abschluß des Geschäftes gemäß § 53 Abs. 2 Börsengesetz schriftlich darüber informieren, daß

– die aus Börsentermingeschäften erworbenen befristeten Rechte verfallen oder eine Wertminderung erleiden können;

– das Verlustrisiko nicht bestimmbar sein und auch über etwaige geleistete Sicherheiten hinausgehen kann;

– Geschäfte, mit denen die Risiken aus eingegangenen Börsentermingeschäften ausgeschlossen oder eingeschränkt werden sollen, möglicherweise nicht oder nur zu einem verlustbringenden Marktpreis getätigt werden können;

– sich das Verlustrisiko erhöht, wenn

zur Erfüllung von Verpflichtungen aus Börsentermingeschäften Kredit in Anspruch genommen wird oder

die Verpflichtung aus Börsentermingeschäften oder die hieraus zu beanspruchende Gegenleistung auf ausländische Währung oder eine Rechnungseinheit lautet.

Die Risiken sind bei Börsentermingeschäften je nach der von Ihnen übernommenen Position unterschiedlich groß. Dementsprechend können Ihre Verluste

– sich auf den für ein Optionsrecht gezahlten Preis beschränken oder

– weit über die gestellten Sicherheiten, zu denen auch Einschüsse gehören, hinausgehen und zusätzliche Sicherheiten erfordern; leisten Sie diese nicht, müssen Sie mit einer sofortigen Abwicklung Ihrer offenen Börsentermingeschäfte und mit der umgehenden Verwertung der bereits gestellten Sicherheiten rechnen;

– zu einer zusätzlichen Verschuldung führen und damit auch Ihr übriges Vermögen erfassen, ohne daß Ihr Verlustrisiko stets im voraus bestimmbar ist.

I. Kauf von Optionsrechten

Wenn Sie Optionsrechte auf Wertpapiere, Devisen oder Edelmetalle kaufen, erwerben Sie, auch wenn das Optionsrecht in einem Wertpapier (Optionsschein) verbrieft ist, den Anspruch auf Lieferung oder Abnahme von Wertpapieren, Devisen oder Edelmetallen zu einem von vornherein festgelegten Preis. Beim Kauf von Optionsrechten, bei denen die Lieferung des Vertragsgegenstandes ausgeschlossen ist, wie z. B. bei Optionsrechten auf Indizes, erwerben Sie, wenn sich Ihre Erwartungen erfüllen einen Anspruch auf Zahlung eines Geldbetrages, der sich aus der Differenz zwischen dem beim Erwerb des Optionsrechts zugrunde gelegten Kurs und dem Marktkurs bei Ausübung errechnet.

Bitte beachten Sie, daß eine Kursänderung des dem Optionsrecht zugrunde liegenden Vertragsgegenstandes (z. B. der Aktie) den Wert Ihres Optionsrechts überproportional bis hin zur Wertlosigkeit mindern kann und die Angesichts der begrenzten Laufzeit nicht darauf vertrauen können, daß sich der Preis der Optionsrechte rechtzeitig wieder erholen wird. Bei Ihren Gewinnerwartungen müssen Sie die mit dem Erwerb sowie der Ausübung oder dem Verkauf der Option bzw. dem Anschluß eines Gegengeschäfts (Glattstellung) verbundenen Kosten berücksichtigen. Erfüllen sich Ihre Erwartungen nicht und verzichten Sie deshalb auf die Ausübung, so verfällt Ihr Optionsrecht mit Ablauf seiner Laufzeit. Ihr Verlust liegt sodann in dem für das Optionsrecht gezahlten Preis.

Beim Kauf eines Optionsrechts auf einen Finanzterminkontrakt erwerben Sie das Recht, zu den im vorhinein festgelegten Bedingungen einen Vertrag abzuschließen, durch den Sie sich zum Kauf oder Verkauf per Termin von z. B. Wertpapieren, Devisen, Edelmetallen oder Termineinlagen verpflichten. Auch dieses Optionsrecht unterliegt zunächst den im vorhergehenden Absatz erwähnten Risiken. Nach Ausübung des Optionsrechts gehen Sie neue Risiken ein, die sich nach dem dann zustande kommenden Finanzterminkontrakt richten und weit über dem ursprünglichen Einsatz in Gestalt des für das Optionsrecht gezahlten Preises liegen können. Sie können dann z. B. Liefer- oder Abnahmeverpflichteter in Wertpapieren, Devisen, Edelmetallen oder Termineinlagen werden.

II. Verkauf von Optionsrechten und Börsentermingeschäfte mit Erfüllung per Termin

1. Verkäufer per Termin und Verkäufer einer Kaufoption

Sofern Sie als Verkäufer per Termin oder als Verkäufer einer Kaufoption Wertpapiere, Devisen, Edelmetalle oder Termineinlagen zu liefern haben, müssen Sie diese bei steigenden Kursen zu dem vereinbarten Kaufpreis liefern, der dann erheblich unter dem Marktpreis liegen kann. In der Differenz liegt Ihr Risiko.

Ihr Verlustrisiko ist im vorhinein nicht bestimmbar und kann über etwaige von Ihnen geleistete Sicherheiten hinausgehen, wenn Sie den zu liefernden Kaufgegenstand nicht besitzen, sondern erst bei Fälligkeit erwerben wollen (Eindeckungsgeschäft). Bedenken Sie, daß Sie möglicherweise je nach Marktsituation nur mit erheblichen, der Höhe nach nicht vorhersehbaren Preisaufschlägen kaufen können oder entsprechende Ausgleichszahlungen zu leisten haben, wenn Ihnen die Eindeckung nicht möglich ist.

Befindet sich der geschuldete Kaufgegenstand in Ihrem Besitz, so sind Sie zwar vor Eindeckungsverlusten geschützt. Werden aber die zu liefernden Wertpapiere für die Laufzeit Ihres Börsentermingeschäfts ganz oder teilweise gesperrt gehalten, so können Sie während dieser Zeit hierüber nicht verfügen und sich folglich auch nicht durch Verkauf gegen fallende Kurse schützen.

2. Käufer per Termin und Verkäufer einer Verkaufsoption

Sofern Sie als Käufer per Termin oder als Verkäufer einer Verkaufsoption zur Abnahme von Wertpapieren, Devisen, Edelmetallen oder Termineinlagen verpflichtet sind, müssen Sie diese auch bei sinkenden Kursen zu dem vereinbarten Preis abnehmen, der dann erheblich über dem Marktpreis liegen kann. In der Differenz liegt Ihr Risiko. Ihr Verlustrisiko ist im vorhinein nicht bestimmbar und kann über etwaige von Ihnen geleistete Sicherheiten hinausgehen. Wenn Sie die von Ihnen zu übernehmenden Werte wieder veräußern wollen, müssen Sie dabei bedenken, daß Sie unter Umständen nur schwer einen Käufer finden können; je nach Marktentwicklung kann ein Verkauf nur mit erheblichen Preisabschlägen möglich sein.

III. Börsentermingeschäfte mit Differenzausgleich

Sofern bei einem Börsentermingeschäft die Lieferung der Vertragsgegenstände ausgeschlossen ist (wie häufig bei Börsentermingeschäften auf Indizes und Termineinlagen), haben Sie, wenn Ihre Erwartungen nicht eintreten, die Differenz zwischen dem bei Abschluß zugrunde gelegten Kurs und dem Marktkurs im Zeitpunkt der Fälligkeit des Börsentermingeschäfts zu zahlen. Hierin liegt Ihr Verlust. Ihr Verlustrisiko ist im vorhinein nicht bestimmbar und kann über etwaige von Ihnen geleistete Sicherheiten hinausgehen.

IV. Risikoausschließende oder -einschränkende Geschäfte

Vertrauen Sie nicht darauf, daß Sie während der Laufzeit jederzeit Geschäfte abschließen können, durch die Sie Ihre Risiken aus Börsentermingeschäften ausschließen oder einschränken können; dies hängt von den Marktverhältnissen und den jeweiligen Börsentermingeschäft zugrundeliegenden Vertragsbedingungen ab. Unter Umständen können solche Geschäfte nur zu einem ungünstigen Marktpreis getätigt werden, so daß für Sie ein entsprechender Verlust entsteht.

V. Inanspruchnahme von Kredit

Wenn Sie den Erwerb des Optionsrechtes oder die Erfüllung Ihrer Liefer- oder Zahlungsverpflichtungen aus sonstigen Börsentermingeschäften mit Kredit finanzieren, müssen Sie beim Nichteintritt Ihrer Erwartungen nicht nur den eingetretenen Verlust hinnehmen, sondern auch den Kredit verzinsen und zurückzahlen. Dadurch erhöht sich Ihr Verlustrisiko aus Börsentermingeschäften erheblich. Setzen Sie nie darauf, den Kredit aus den Gewinnen eines Börsentermingeschäftes verzinsen und zurückzahlen zu können. Vielmehr müssen Sie vorher Ihre wirtschaftlichen Verhältnisse daraufhin prüfen, ob Sie zur Verzinsung und gegebenenfalls kurzfristigen Tilgung des Kredits auch dann in der Lage sind, wenn statt der erwarteten Gewinne Verluste eintreten.

VI. Börsentermingeschäfte mit Währungsrisiko

Sofern die Verpflichtung aus Börsentermingeschäften oder die hieraus zu beanspruchende Gegenleistung auf ausländische Währung oder eine Rechnungseinheit (z. B. ECU) lautet oder sich der Wert des Vertragsgegenstandes hiernach bestimmt (z. B. bei Gold), ist Ihr Verlustrisiko nicht nur an die Wertentwicklung des dem Börsentermingeschäft zugrundeliegenden Vertragsgegenstandes gekoppelt. Ungünstige Entwicklungen am Devisenmarkt können Ihr Verlustrisiko dadurch erhöhen, daß

– sich der Wert der erworbenen Optionsrechte verringert,

– Sie den zur Erfüllung des Börsentermingeschäfts zu liefernden Vertragsgegenstand in ausländischer Währung oder in einer Rechnungseinheit bezahlen oder Sie eine Zahlungsverpflichtung aus dem Börsentermingeschäft in ausländischer Währung oder in einer Rechnungseinheit erfüllen müssen,

– sich der Wert oder der Verkaufserlös des aus dem Börsentermingeschäft abzunehmenden Vertragsgegenstandes oder der Wert der erhaltenen Zahlung vermindert.

Nach § 53 Abs. 2 Satz 2 Börsengesetz ist diese Unterrichtungsschrift von Ihnen zu unterzeichnen, wenn Sie Börsentermingeschäfte abschließen wollen:

_____ _____
Ort, Datum   Unterschrift des Kunden

Kapitel II

grundsätzliches

Was ist eine Option?

Ganz allgemein ist eine Option das handelbare Recht innerhalb eines vorher festgelegten Zeitraumes eine bestimmte Leistung in Anspruch zu nehmen. Es wird unter dem Recht auf Lieferung (Kaufoption, Call) und dem Recht zum Bezug (Verkaufsoption, Put) einer Ware unterschieden. Was für den Käufer ein Recht ist, stellt für den Verkäufer eine Verpflichtung dar.

Beim börsenmäßigen Optionsgeschäft an der DTB versteht man unter einer Option das Recht, eine bestimmte Anzahl von Aktien (50 Stück oder ein Vielfaches davon) einer zum DTB-Handel zugelassenen Gesellschaft, zu einem vereinbarten Preis (Basispreis) zu kaufen (Kaufoption, Call), oder zu verkaufen (Verkaufsoption, Put). Für dieses Recht, das zu einem bestimmten Zeitpunkt (Verfalltermin) ausläuft, muß eine Prämie (Optionspreis) bezahlt werden.

Bezüglich des Zeitpunktes der Ausübung muß zwischen zwei Arten von Optionen unterschieden werden. Die "europäische" Option kann nur an einem einzigen Tag, i.d.R. dem Verfalltag, ausgeübt werden. Die "amerikanische" Option kann dagegen jederzeit bis zum Verfalltag ausgeübt werden. Wie bereits am alten Optionsmarkt, werden an der DTB nur Optionen amerikanischer Art gehandelt.

Basispreise und Fälligkeitstermine wurden standardisiert. Der Optionspreis richtet sich - wie auf allen Märkten - nach Angebot und Nachfrage.

Calls + Puts - Der Unterschied

Der Call beinhaltet das Recht, eine Aktie zu einem bestimmten Kurs zu kaufen.

Beispiel

Eine Aktie notiert bei 300 DM. Sie erwerben einen Call Basis 300 für 15 DM. Sie haben also das Recht, die Aktien für 300 DM zu kaufen. Für dieses Recht müssen Sie 15 DM bezahlen.

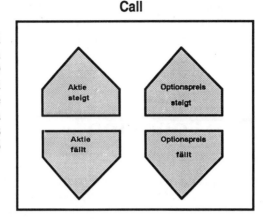

Steigt die Aktie auf 360 DM, hat der Call einen Wert von mindestens 60 DM (Aktienkurs minus Basispreis). Fällt die Aktie dagegen auf 270 DM, hat der Call (zumindest am letzten Handelstag der Optionslaufzeit) keinen Wert mehr. Denn niemand wird eine Aktie für 300 DM kaufen wollen, wenn sie zeitgleich für 270 DM an der Börse notiert.

Der Put beinhaltet das Recht, eine Aktie zu einem bestimmten Kurs zu verkaufen.

Beispiel

Eine Aktie notiert bei 300 DM. Sie erwerben einen Put Basis 300 für 10 DM. Sie haben also das Recht, die Aktien für 300 DM zu verkaufen. Für dieses Recht bezahlen Sie 10 DM.

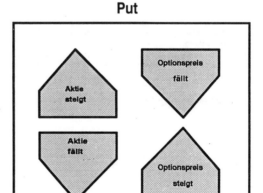

Fällt die Aktie auf 240 DM, hat der Put einen Wert von mindestens 60 DM (Basispreis minus Aktienkurs). Steigt die Aktie dagegen auf 330 DM, hat der Put (spätestens am letzten

Handelstag der Option) keinen Wert mehr. Denn wenn die Aktie zeitgleich für 330 DM an der Börse notiert, wird niemand den Titel für 300 DM verkaufen wollen.

Das "opening"

Für Optionsneulinge sind die Begriffe "Kauf" oder "Verkauf" einer Option oft verwirrend, da sie in unterschiedlichen Zusammenhängen verwendet werden. Deshalb sollen an dieser Stelle zunächst die vier Grundgeschäftsarten des Optionsgeschäftes erklärt werden.

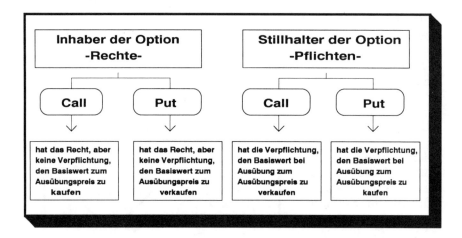

Kauf eines Calls

Der Call-Käufer erwirbt das Recht, während der Optionslaufzeit jederzeit vom Verkäufer der Option eine festgelegte Anzahl von Aktien zum vereinbarten Basispreis kaufen zu können. Für dieses Recht bezahlt er den Optionspreis (Optionsprämie) an den Verkäufer. Englisch: "long call".

Verkauf eines Calls

Der Call-Verkäufer heißt Stillhalter. Er verpflichtet sich, jederzeit auf Verlangen an den Käufer der Option eine festgelegte Anzahl von Aktien zum vereinbarten Basispreis zu verkaufen. Für diese Verpflichtung erhält er den Optionspreis vom Käufer. Englisch: "short call".

Kauf eines Puts

Der Put-Käufer erwirbt das Recht, jederzeit während der Optionslaufzeit an den Verkäufer der Option eine festgelegte Anzahl von Aktien zum vereinbarten Basispreis zu verkaufen. Dafür bezahlt der den Optionspreis an den Verkäufer. Englisch: "long put".

Verkauf eines Puts

Der Put-Verkäufer heißt Stillhalter. Er verpflichtet sich, während der Optionslaufzeit jederzeit vom Käufer der Option eine festgelegte Anzahl von Aktien zum vereinbarten Basispreis zu kaufen. Dafür erhält er den Optionspreis vom Käufer. Englisch: "short put".

Die hier dargestellten Grundgeschäftsarten des Optionshandels werden "opening" (Eröffnung, Begründung der Position) genannt. Dabei ist es nicht entscheidend, ob Sie eine Option kaufen, auf Englisch: "long" gehen, oder verkaufen, auf Englisch: "short" gehen.

Das "closing"

Das Schließen einer Optionsposition wird "closing" genannt. "Closing" bedeutet, daß die zuvor gekaufte Option wieder verkauft wird (Weitergabe) bzw. die verkaufte Option zurückgekauft wird.

Die folgende Übersicht verdeutlicht die Glattstellungstransaktionen:

opening			closing	
- Kauf	Call	=	Verkauf	Call
- Verkauf	Call	=	Kauf	Call
- Kauf	Put	=	Verkauf	Put
- Verkauf	Put	=	Kauf	Put

Der Stillhalters hat die folgenden Alternativen:

Beabsichtigt der Stillhalter eines Calls oder Puts das "closing", so muß er genau die Kontraktspezifikation zurückkaufen, die er vorher verkauft hat. Die Kontraktbestimmungen (Basiswert, Basispreis, Laufzeit) müssen also identisch sein. Mit dem Zeitpunkt des "closing" ist der Stillhalter von seiner Verpflichtung entbunden, d.h. die hinterlegten Sicherheiten (siehe Kapitel III "Sicherheitsleistungen") werden von der Bank wieder freigegeben.

Unternimmt der Stillhalter während der Laufzeit des Optionsengagements nichts, so entscheidet sich (spätestens) am Verfalltermin der verkauften Optionen, ob er seine Verpflichtung erfüllen muß.

Der Verkäufer eines Puts muß auf Wunsch des Käufers die Aktien kaufen. Ihm werden die Aktien "angedient".

Der Verkäufer eines Calls muß auf Wunsch des Käufers die veroptionierten Aktien zum Basispreis verkaufen. Die Aktien werden also vom Käufer "abgerufen". Befinden sich die Aktien nicht im Depot (ungedecktes Stillhalterengagement), kauft er sie zunächst an der Börse, um sie anschließend zum Basispreis an den Optionskäufer weiterzugeben.

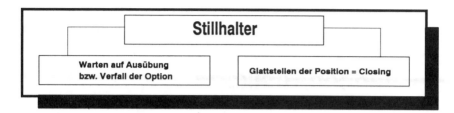

Der Käufer/Inhaber einer Option hat die Alternativen:

- Die Option zu einem beliebigen Zeitpunkt innerhalb der Optionslaufzeit auszuüben, also die Aktien vom Stillhalter zu kaufen (Call) oder an ihn zu verkaufen (Put).

Möchte der Käufer eines Puts seine Optionen ausüben ohne im Besitz der Aktien zu sein, erwirbt er sie günstig auf den Aktienmarkt und dient sie anschließend wieder zum höheren Basispreis dem Stillhalter an.

Möchte der Käufer eines Calls die Aktie nach dem Ausüben (Kauf zum Basispreis) seiner Kaufoption nicht länger halten, stellt er sie sofort wieder auf dem Aktienmarkt zum Verkauf.

- Oder die Optionen direkt an der DTB weiterveräußern (closing). Es findet damit ein Wechsel des Optionsberechtigten (Optionskäufers) statt, von dem der Optionsverpflichtete (Stillhalter) völlig unberührt bleibt. Der Käufer einer Option kann daher nicht erkennen, ob es sich um eine neue ausgegebene oder eine laufende Option handelt.

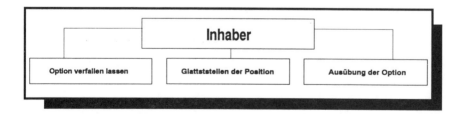

Wegen der höheren, weil doppelten Spesenbelastung, wird der Optionskäufer i.d.R. versuchen, seine Optionen über die DTB weiterzuveräußern. Etwa 95 Prozent aller Optionskontrakte, die "im Geld" stehen, werden wieder verkauft.

Chancen/Risiken

Im folgenden sollen die Chancen und Risiken der vier Grundgeschäftsarten betrachtet werden. Ausgangspunkt ist jeweils ein Aktienkurs von 300 DM, ein Basispreis von 300 DM und ein Optionspreis von 15 DM (Kaufoption) bzw. 10 DM (Verkaufsoption). Die Berechnungen beziehen sich immer auf das Ende der Optionslaufzeit.

Kauf eines Calls

Der Käufer eines Calls kann folgende Ziele verfolgen:

- Mit einem extrem niedrigen Kapitaleinsatz auf den Anstieg einer Aktie zu spekulieren.

- Den Zeitpunkt des Kaufs einer Aktie zu verlagern.

- Gewinne aus einem Aktienengagement zu realisieren, bei einem weiteren Kursanstieg der Aktie via Option jedoch weiterhin an Kursgewinnen zu partizipieren.

- Ein laufendes Stillhalterengagement durch den Rückkauf der verkauften Optionen glattzustellen.

- Ein bestehendes Wertpapierdepot zu diversifizieren.

Beispiel

Kauf eines Calls Basis 300 für 15 DM.
Renditespiegel zum Verfallzeitpunkt.

Kurs Aktie	Wert Option	Ergebnis in DM	in %
390	90	+75	+500%
360	60	+45	+300%
330	30	+15	+100%
315	15	+-0	+/-0%
300	0	-15	-100%
270	0	-15	-100%
240	0	-15	-100%
210	0	-15	-100%

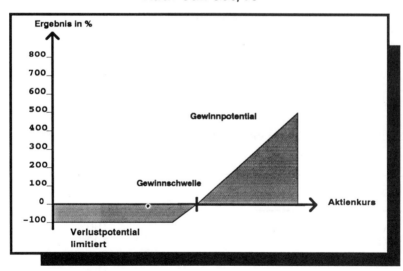

Ergebnis

Wenn der Aktienkurs stagniert oder fällt, verfallen die Optionen - Verlust 15 DM bzw. 100 Prozent.

Steigt die Aktie beispielsweise um 20 Prozent auf 360.- DM, haben die Optionen einen Wert von 60.- DM. Der Gewinn je Option beträgt 45.- DM bzw. 300 Prozent.

Fazit: Bei einem steigenden Aktienkurs sind Gewinne unbegrenzt möglich, der Verlust ist auf den bezahlten Optionspreis beschränkt. Der Käufer eines Calls verliert bereits, wenn der Aktienkurs stagniert.

Kauf eines Puts

Der Käufer eines Puts hat eine der drei folgenden Motivationen:

- mit extrem geringem Kapitaleinsatz auf den Kursrückgang einer bestimmten Aktie zu spekulieren.

- Bestehende Aktienbestände gegen Kursverluste abzusichern (Hedging) bzw. noch nicht realisierte Aktiengewinne abzusichern bzw. über die Spekulationsfrist hinweg zu retten.

- mit dem Rückkauf von verkauften Puts ein Stillhalterengagement glattzustellen.

Beispiel

Kauf eines Puts Basis 300 für 10.- DM

Renditespiegel zum Verfallzeitpunkt.

Kurs Aktie	Wert Option	Ergebnis in DM	in %
390	0	-10	-100%
360	0	-10	-100%
330	0	-10	-100%
300	0	-10	-100%
290	10	+-0	+/-0%
270	30	+20	+200%
240	60	+50	+500%
210	90	+80	+800%

Kauf Put 300/10

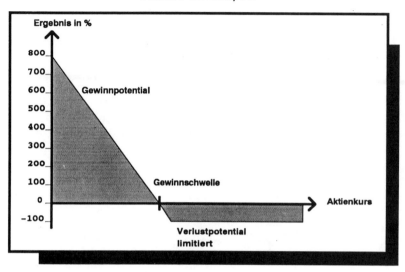

Ergebnis

Wenn der Aktienkurs stagniert oder steigt, verfallen die Optionen - Verlust 10.- DM bzw. 100 Prozent.

Fällt die Aktie beispielsweise um 20 Prozent auf 240.- DM hat die Option einen Wert von 60.- DM. Der Gewinn beträgt 50.- DM pro Option bzw. 500 Prozent.

Fazit: Bei einem fallenden Aktienkurs sind dem Gewinn keine Grenzen gesetzt, der Verlust ist auf den bezahlten Optionspreis beschränkt. Auch hier verliert der Käufer des Puts bereits, wenn der Kurs der Aktie unverändert bleibt.

Verkauf eines Calls

Gedeckt

Hier wird zunächst von einem "gedeckten" Stillhaltergeschäft ausgegangen, d.h. der Verkäufer des Calls besitzt die veroptionierten Aktien.

Der Verkäufer eines "gedeckten" Calls rechnet grundsätzlich mit stagnierenden bzw. leicht rückläufigen Kursen. Mit dem Erhalt des Optionserlöses erhöht er gleichzeitig die Rendite seines Aktienbestandes und sichert sich zum Teil gegen Verluste dieses Portfolios ab.

Beispiel

Verkauf eines Calls Basis 300 für 15.- DM

Renditespiegel zum Verfallzeitpunkt.

Kurs Aktie	Wert Option	Ergebnis in DM	Ergebnis in %
390	90	+15	+5%
360	60	+15	+5%
330	30	+15	+5%
300	0	+15	+5%
285	0	+-0	+/-0
270	0	-15	-5%
240	0	-45	-15%
210	0	-75	-25%

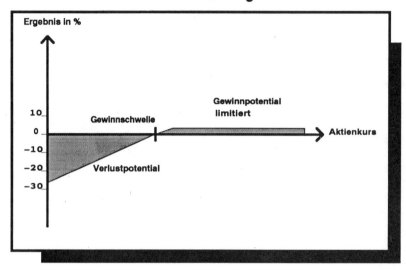

Ergebnis

Bei steigenden Kursen wird der Käufer des Calls seine Optionen ausüben. Der Gewinn des Stillhalters beträgt konstant 15.- DM je Aktie/Option bzw. 5 Prozent.

Wenn der Aktienkurs stagniert oder fällt, verfallen die Optionen. Die Verlustzone beginnt für den Stillhalter bei Kursen von unter 285.- DM.

Fazit: Der Gewinn ist auf den erhaltenen Optionspreis beschränkt, Verluste sind (fast) unbegrenzt möglich. Der Verkäufer eines Calls verdient bereits, wenn der Aktienkurs stagniert. Die Verlustzone vermindert sich um den erhaltenen Optionspreis.

Ungedeckt

Die Darstellung des Gewinn- und Verlustprofils bei "ungedeckten" Stillhaltergeschäften gestaltet sich kompliziert. Ausgangsbasis für die Renditeberechnung muß jeweils der Kapitaleinsatz sein. Bei "gedeckten" Stillhaltergeschäften ist dies der Wert der veroptionierten Aktien zu Beginn der Spekulation. Bei "ungedeckten" Stillhaltergeschäften ist eine Margin (Sicherheitsleistung gegenüber der DTB bzw. der Bank für den Fall der Ausübung) als Sicherheit zu hinterlegen, die sich am Kursverlauf der Aktie orientiert und täglich neu berechnet wird.

Die nachfolgende Renditeberechnung bezieht sich jeweils auf die "initial margin", d.h. die Margin, die zur Eröffnung des Stillhaltergeschäftes aufgebracht werden mußte. Näheres über die Margin erfahren Sie im Kapitel III. Die Berechnungen beziehen sich auf die DTB-Margin zzgl. 50 Prozent weiterer Banksicherheiten.

Der Verkäufer eines "ungedeckten" Calls rechnet mit stagnierenden bzw. fallenden Aktienkursen.

Beispiel

Ungedeckter Verkauf eines Calls Basis 300 für 15.- DM

Margin = 67.50 DM ((10 Prozent von 300 + 15.- DM) x 1,5)

Renditespiegel zum Verfallzeitpunkt

Kurs Aktie	Wert Option	Ergebnis in DM	in %
390	90	-75	-111,11%
360	60	-45	-66,66%
330	30	-15	-22,22%
315	15	+-0	+/- 0%
300	0	+15	+22,22%
270	0	+15	+22,22%
240	0	+15	+22,22%
210	0	+15	+22,22%

Verkauf Call 300/15 "ungedeckt"

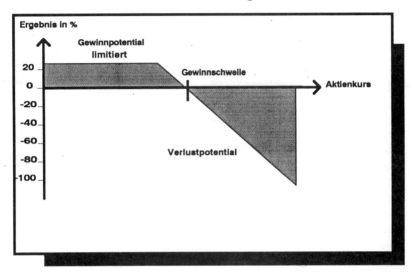

Ergebnis

Wenn der Aktienkurs stagniert oder fällt, verfallen die Optionen. Der Gewinn des Stillhalters beträgt konstant 15.- DM je Aktie/Option bzw. 22,22 Prozent der "initial margin".

Steigt der Aktienkurs auf beispielsweise 360.- DM, wird der Käufer des Calls seine Optionen ausüben. Der "ungedeckte" Stillhalter muß die Aktie für 360.- DM an der Börse kaufen und zum Basispreis von 300.- DM weitergeben. Es entsteht ein Verlust von 45.- DM je Aktie/Option (360 DM - 300 DM + 15 DM), das sind fast 67 Prozent der "initial margin".

Fazit: Im Gegensatz zum "gedeckten" Stillhalterengagement" verdient der Stillhalter eines "ungedeckten" Verkaufs von Calls nicht nur bei stagnierenden, sondern auch bei fallenden Kursen. Er erzielt hingegen Verluste bei steigenden Aktienkursen.

Verkauf eines Puts

Der Verkäufer eines Puts rechnet mit stagnierenden bzw. steigenden Aktienkursen. Durch sein Stillhalterengagement möchte er ein zusätzliches Einkommen erzielen.

Beispiel

Verkauf eines Puts Basis 300 für 10.- DM

Margin = 60.- DM (10% von 300.- DM +10.- DM x 1,5)

Renditespiegel zum Verfallzeitpunkt

Kurs Aktie	Wert Option	Ergebnis in DM	in %
390	0	+10	+16,67%
360	0	+10	+16,67%
330	0	+10	+16,67%
300	0	+10	+16,67%
285	15	+-0	+/- 0%
270	30	-20	-33,33%
240	60	-50	-83,33%
210	90	-80	-133,33%

Verkauf Put 300/10

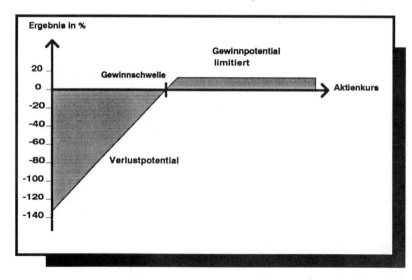

Ergebnis

Wenn der Aktienkurs stagniert oder steigt, verfallen die Optionen. Der Gewinn des Stillhalters beträgt konstant 10.- DM bzw. 16.67 Prozent der "initial margin".

Fällt der Aktienkurs auf beispielsweise 240.- DM wird der Käufer des Puts seine Optionen ausüben. Der Stillhalter muß die Aktien zum Basispreis von 300.- DM erwerben und kann sie für 240.- DM an der Börse verkaufen. Es entsteht ein Verlust von 50.- DM je Aktie/Option (300 DM - 240 DM + 10 DM), das mehr als 83% der "initial margin".

Fazit: Der Gewinn ist auf den erhaltenen Optionspreis beschränkt, Verluste sind (fast) unbegrenzt möglich. Der Verkäufer eines Puts verdient, wenn der Aktienkurs stagniert oder steigt. Die Verlustzone (bei fallenden Aktienkursen) vermindert sich um den erhaltenen Optionspreis.

Zusammenfassung

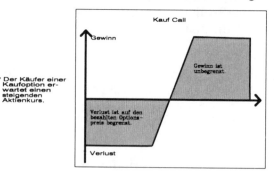

* Der Käufer einer Kaufoption erwartet einen steigenden Aktienkurs.

* Ein Gewinn wird erzielt, sobald der Aktienkurs die Summe aus Basispreis und bezahlten Optionspreis übersteigt.

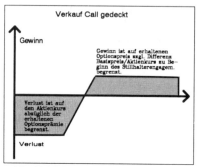

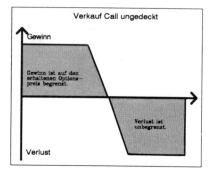

* Der Verkäufer einer "gedeckten" Kaufoption erwartet einen stagnierenden Aktienkurs.

* Ein Gewinn wird erzielt, wenn der Aktienkurs nicht den Aktienkurs zu Beginn des Stillhalterengagements abzüglich des erhaltenen Optionspreises unterschreitet.

* Aktienkurse über dem Basispreis entgangene Kursgewinne.

* Der Verkäufer einer "ungedeckten" Kaufoption erwartet einen stagnierenden oder sinkenden Aktienkurs.

* Ein Gewinn wird erzielt, wenn der Aktienkurs nicht die Summe aus Basispreis und erhaltenem Optionspreis übersteigt.

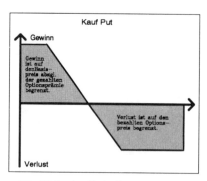

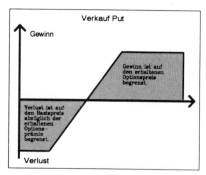

* Der Käufer einer Verkaufsoption erwartet einen sinkenden Aktienkurs.

* Ein Gewinn wird erzielt, sobald der Aktienkurs den Basispreis abzüglich des bezahlten Optionspreises unterschreitet.

* Der Verkäufer einer Verkaufsoption erwartet einen stagnierenden oder steigenden Aktienkurs.

* Ein Gewinn wird erzielt, wenn der Aktienkurs nicht den Basispreis abzüglich des erhaltenen Optionspreises unterschreitet.

Kapitel III

offizielles

Basiswerte

An der DTB werden momentan Optionen auf 14 Aktien gehandelt. Die Titel, auf die Optionen gehandelt werden, heißen Basiswerte. Die Basiswerte wurden nach Marktkapitalisierung, Umsatz sowie Bekanntheitsgrad der Gesellschaften ausgesucht. Grundvoraussetzung für die Aufnahme in den Optionshandel ist stets, daß die Aktien bereits variabel, also 50stückweise während der gesamten Börsenzeit gehandelt werden.

Die folgenden Werte stehen an der DTB zur Verfügung:

Allianz	ALV
BASF	BAS
Bayer	BAY
BMW	BMW
Commerzbank	CBK
Daimler Benz	DAI
Deutsche Bank	DBK
Dresdner Bank	DRB
Hoechst	HFA
Mannesmann	MMW
Siemens	SIE
Thyssen	THY
VEBA	VEB
Volkswagen	VOW

Eine Sonderposition unter den 14 DTB-Werten hat die Allianz-Holding. Da hier lediglich vinkulierte Namensaktien im Umlauf sind, ist eine Ausübung der Allianz-Optionen nicht möglich. Stattdessen wurde die Regelung des Barausgleichs getroffen, die bedeutet, daß bei der Ausübung von Allianz-Kontrakten die Differenz zwischen Basispreis und letztem Bezahlt-Preis abgerechnet wird.

Es ist zu bedauern, daß die Aktien einiger Branchen (z.B. Konsum) überhaupt nicht an der DTB gehandelt werden, während andere Bereiche mit bis zu drei Titeln vertreten sind. Im Sommer 1990 sollten weitere Werte in den DTB-Handel aufgenommen werden. Ferner ist die Einführung von Futures auf den DAX und auf eine Bundesanleihe geplant. Im ersten Quartal 1991 sollen auf diese Futures dann auch Optionen gehandelt werden. Im Laufe der 90er Jahre könnten sogar Optionen auf Edelmetalle oder Währungen an der DTB gehandelt werden.

Basispreise

Der Basispreis ist der vereinbarte Kurs, zu dem die Optionen ausgeübt werden können, also die Aktien gekauft (Call) bzw. verkauft (Put) werden dürfen. Die Basispreise sind standardisiert. Es gelten die folgenden Staffelungen, die jeweils vom Kurs des Basiswertes (Aktienkurs) abhängig sind:

Aktienkurs	Basispreisintervalle
unter 100,00 DM	5 DM
100 bis 199,99 DM	10 DM
200 bis 499,99 DM	20 DM
500 bis 999,99 DM	50 DM
über 1000,00 DM	100 DM

Sobald ein neuer Verfalltermin zum Handel zugelassen ist, werden auf diesen Termin drei neue Basispreisserien eingeführt. Die Auswahl der Basispreise orientiert sich wiederum am Aktienkurs. Zum Verständnis sollten Sie sich die folgenden Begriffe unbedingt einprägen:

CALL:

"out-of-the-money"
Basispreis > Aktienkurs

"at-the-money"
Basispreis = Aktienkurs

"in-the-money"
Basispreis < Aktienkurs

PUT:

"out-of-the-money"
Basispreis < Aktienkurs

"at-the-money"
Basispreis = Aktienkurs

"in-the-money"
Basispreis > Aktienkurs

Mit jedem Verfalltermin werden zunächst jeweils ein Basispreis "out-of-the-money", "at-the-money" und "in-the-money" in den Handel eingeführt.

Beispiel

Bei einem Aktienkurs von 296 DM werden auf die Basispreise 280 (=in-the-money), 300 (=at-the-money) und 320 (=out-of-the-money) jeweils Calls und Puts für den neuen Fälligkeitstermin eingeführt.

Daneben werden neue Basispreisserien (gleiche Basis für alle Verfalltermine) eingeführt, sobald der Aktienkurs an zwei aufeinanderfolgenden Handelstagen über dem arithmetischen Mittel zwischen dem höchsten und zweithöchsten bzw. unter dem niedrigsten und zweitniedrigsten Basispreis notiert.

Anders ausgedrückt wird eine neue Optionsserie zum Handel zugelassen, wenn eine "out-of-the-money" Option zur "at-the-money" Option wird.

Beispiel

Es werden die Basispreise 280, 300 und 320 gehandelt. Der Aktienkurs hält sich 2 Tage oberhalb von 310 (arithmetisches Mittel von 300 und 320). Nun wird eine neue Optionsserie mit der Basis 340 in den Handel eingeführt.

Verfalltermine

Optionen haben eine von vornherein festgelegte Laufzeit, d.h. sie verfallen an einem bestimmten Tag (Verfalltermin, Fälligkeitstermin). Am Optionsmarkt gelten als Verfalltermine jeweils der Fünfzehnte der Monate Januar, April, Juli und Oktober.

An der DTB werden immer vier Verfalltermine gleichzeitig gehandelt. Es sind die folgenden Laufzeiten möglich:

- 1 Monat
- 2 Monate
- 3 Monate
- sowie längstens 6 Monate im Zyklus März, Juni, September und Dezember

Der Verfalltag in den Verfallmonaten ist jeweils der erste Freitag, der dem 14. Tag des Verfallmonats folgt. Üblicherweise also der dritte Freitag im Verfallmonat. Ist dieser Freitag kein Börsentag, gilt der davorliegende Börsentag als Verfalltermin.

Zur Verdeutlichung die folgende Tabelle:

Vom Verfalltag	Bis Verfalltag	Erhältliche Verfallmonate			
Dez	Jan	Jan	Feb	März	Juni
Jan	Feb	Feb	März	April	Juni
Feb	März	März	April	Mai	Juni
März	April	April	Mai	Juni	Sept
April	Mai	Mai	Juni	Juli	Sept
Mai	Juni	Juni	Juli	Aug	Sept
Juni	Juli	Juli	Aug	Sept	Dez.
Juli	Aug	Aug	Sept	Okt	Dez.
Aug	Sept	Sept	Okt	Nov	Dez.
Sept	Okt	Okt	Nov	Dez	März
Okt	Nov	Nov	Dez	Jan	März
Nov	Dez	Dez	Jan	Feb	März

Beispiel

Sie möchten am 2. März 1990 eine Option erwerben. Es stehen die folgenden Verfalltermine zur Auswahl:

- 16. März. (dritter Freitag im März)
- 20. April (dritter Freitag im April)
- 18. Mai (dritter Freitag im Mai)
- 15. Juni (dritter Freitag im Zyklus-Monat)

Optionen können an der DTB bis zum Verfalltag gehandelt werden.

Kontraktgröße

Optionen werden an der DTB (wie am alten Optionsmarkt) 50stückweise gehandelt. Als Kontrakt werden jeweils 50 Optionen bezeichnet. 2 Kontrakte sind also 100 Optionen, 10 Kontrakte sind 500 Optionen etc..

Achten Sie bei der Ordererteilung bei Ihrer Bank unbedingt darauf, daß die beiden Ausdrücke nicht verwechselt werden - es könnte sonst etwas teuer werden.

Optionspreise

Die Optionspreise richten sich grundsätzlich nach Angebot und Nachfrage. Dabei ist jedoch zwischen Ask- und Bid-Preisen zu unterscheiden. Der Ask-Kurs ist der Preis, zu dem Kaufaufträge im Markt liegen. Zum Bid-Kurs bestehen Verkaufsaufträge. Der Bid-Preis liegt natürlich immer unter dem Ask-Kurs.

Optionspreise können in Intervallen von jeweils zehn Pfennigen zustande kommen. Die Höhe des Aktienkurses ist von diesen Intervallen unabhängig.

Handelszeit

Der Handel an der DTB findet börsentäglich fortlaufend zwischen 10.30 Uhr und 15.00 Uhr statt. Hier finden Sie in der Literatur oft widersprüchliche Angaben, da die Handelszeiten erst wenige Tage vor Eröffnung der DTB verändert wurden. Ursprünglich sollten die Optionen an der DTB von 10 bis 16 Uhr gehandelt werden.

Limitierung

An der Terminbörse sind Schwankungen der Optionspreise von über 100% binnen Tagesfrist keine Seltenheit. Optionsaufträge sollten daher stets limitiert werden. Das Limit ist der maximale Höchstpreis, zu dem Optionen gekauft werden bzw. der Mindestpreis, zu dem Optionen verkauft werden.

Gültigkeitsdauer des Limits

Am Aktien- oder Optionsscheinmarkt geben Sie bei der Ordererteilung die maximale Zeitspanne an, in der das Limit im Markt liegen soll. Sie können den Auftrag tagesgültig erteilen, d.h. er hat nur für den laufenden Börsentag bzw. den darauffolgenden Bestand. Daneben können Sie ein Datum vorgeben, zu dem der Auftrag gestrichen werden soll, wenn er bis dahin nicht ausgeübt wurde, d.h. gültig bis zum Tag X. Machen Sie keine besonderen Angaben, so läuft das Limit bis Ultimo (bis zum Monatsletzten).

Die DTB-Regelungen sind sicherlich zunächst nicht einfach zu verstehen. Sie sollten jedoch wissen, welche Möglichkeiten Sie haben. Das allerwichtigste vorweg: Es ist kaum jemandem bekannt, daß die limitierten Optionsaufträge ohne Angabe der Gültigkeitsdauer bis zum letzten Handelstag der Optionsserie, also bis zum Verfalltermin, im Markt bleiben! Die Folgen dieser Regelung werden sich eines Tages katastrophal auswirken. Es wird hunderte überraschter Spekulanten geben, die im nächsten Börsencrash auf einmal schon vergessene Call-Aufträge zugeteilt bekommen. Eine negative Presse für die DTB und eine Menge Arbeit für die Gerichte sind damit vorprogrammiert.

Es bestehen folgende Limitierungsmöglichkeiten:

Uneingeschränktes Limit

- Good-till-cancelled = der Auftrag bleibt bis zum Widerruf im Markt, also maximal bis zum letzten Handelstag der Optionsserie.

- Good-till-date = gültig bis Fristablauf, auch hier maximal bis zum letzten Handelstag der Optionsserie.

Eingeschränktes Limit

- Fill-or-kill = sofortige Gesamtausführung des Auftrages, andernfalls sofortige Streichung des gesamten Auftrages.

- Immediate-or-cancel = sofortige Ausführung des Auftrages soweit möglich und sofortige Löschung des unausgeführten Teiles.

Eingeschränkt limitierte Aufträge können nur während der Handelszeit erteilt werden, d.h. sie werden nicht in das Auftragsbuch für den nächsten Tag eingegeben.

Kombinierte Aufträge

An der DTB besteht daneben die Möglichkeit, kombinierte Aufträge zu erteilen. Kombinierte Aufträge sind zwei Einzelaufträge (Kauf und/oder Verkauf), die sich auf die gleiche Stückzahl ein- und desselben Basiswertes beziehen. Verfalltermine und Basispreise können sich jedoch unterscheiden. Kombinierte Aufträge werden als ein Auftrag bestehend aus zwei Teilen behandelt und daher nur zusammen ausgeführt. Sie müssen als eingeschränkt limitierte Aufträge erteilt werden.

Es sind die folgenden Options-Kombinationen möglich:

- **Bull Spreads (Calls und Puts)**

    Beispiel:
    Kauf eines Calls Bayer März 300
    + Verkauf eines Calls Bayer März 320

- **Bear Spreads (Calls und Puts)**

    Beispiel:
    Kauf eines Calls Bayer März 320
    + Verkauf eines Calls Bayer März 300

- **Bullish Time Spreads (nur Calls)**

    Beispiel:
    Kauf eines Calls Bayer Juni 300
    + Verkauf eines Calls Bayer März 300

- **Bearish Time Spreads (nur Puts)**

    Beispiel:
    Kauf eines Puts Bayer Juni 300
    + Verkauf eines Puts Bayer März 300

- **Straddle**

    Beispiel:
    Kauf eines Calls Bayer März 300
    + Kauf eines Puts Bayer März 300

- **Strangles**

    Beispiel:
    Kauf eines Calls Bayer März 320
    + Kauf eines Puts Bayer März 300

- **Conversion**

    Beispiel:
    Kauf eines Puts Bayer März 300
    + Verkauf eines Calls Bayer März 300

- **Reversal**

    Beispiel:
    Kauf eines Calls Bayer März 300
    + Verkauf eines Puts Bayer März 300

Einige Ausdrücke und Beispiele mögen Ihnen vielleicht unbekannt sein. Nähere Erläuterungen finden Sie im Band "DTB-Optionsstrategien". Zum Basiswissen gehört jedoch die Kenntnis, daß kombinierte Optionsaufträge an der DTB möglich sind.

Positionslimite

Ein Positionslimit bezeichnet die Höchstzahl von Optionskontrakten eines Basiswertes, die ein Anleger bzw. eine Gruppe von Anlegern halten darf. Die Beschränkung gilt unabhängig davon, ob ein oder mehrere Kreditinstitute eingeschaltet werden.

Diese Regelung wurde getroffen, um Manipulationsmöglichkeiten vorzubeugen. Die Positionslimite wurden für jeden Basiswert auf 0,6 Prozent des für den Handel frei verfügbaren Kapitals festgelegt. Die festgesetzten Limite gelten für Positionen auf der gleichen Marktseite, d.h. gekaufte Calls und verkaufte Puts (Spekulation auf steigende Kurse) bzw. verkaufte Calls und gekaufte Puts (Spekulation auf fallende Kurse) werden addiert.

Es gelten die folgenden Positionslimite:

Basiswert	max. Anzahl der Kontrakte
BASF	6.838
Bayer	7.664
BMW	900
Commerzbank	3.006
Daimler	2.793
Deutsche Bank	4.820
Dresdner Bank	4.190
Hoechst	7.010
Mannesmann	3.470
Siemens	5.864
Thyssen	2.817
VEBA	5.316
Volkswagen	2.880

Die Allianz-Holding hat auch hier eine Sonderstellung. Da es sich um vinkulierte Namensaktien handelt und die Regelung des Barausgleichs geschaffen wurde, sind keine Positionslimite notwendig.

Nebenrechte

Der Erwerb einer Aktie räumt dem Käufer einige Rechte ein. Ihm steht beispielsweise ein Anteil am Gewinn des Unternehmens zu (Dividende), und er muß bei Kapitalveränderungen des Unternehmens (Kapitalerhöhungen, Gratisaktien) anteilsmäßig berücksichtigt werden (Bezugsrechte). Inwieweit stehen dem Käufer einer Option auch die Rechte des Aktionärs zu?

- Von Dividendenausschüttungen profitiert der Optionskäufer in keinster Weise. Die Dividende geht vollständig auf den Besitzer der Aktie über, unabhängig davon, ob der Käufer des Calls nach der Ausschüttung die Aktien erwirbt. Die Dividende erhält also der, der die Aktie zum Zeitpunkt der Ausschüttung hält.

- Die dem Aktionär eingeräumten Bezugsrechte werden dagegen voll an den Besitzer der Optionen (Calls und Puts) weitergegeben, so daß dieser weder Vor- noch Nachteile durch die Kapitalerhöhung hat. Hierzu werden die Basispreise vermindert, und die Zahl der je Kontrakt zu beziehenden Aktien erhöht. Die DTB hat hier leider eine recht komplizierte Regelung getroffen. Am Beispiel VW wird versucht, diese kurz zu verdeutlichen.

VW erhöhten vom 26. März bis zum 09. April ihr Kapital im Verhältnis 10:1 für 440 DM je Aktie.

Am ersten Tag des Bezugsrechthandels (26.03.) wurden alle noch nicht ausgeführten Aufträge für VW-Optionen an der DTB vor Beginn des Handels gelöscht. Für die bestehenden Optionspositionen wurden die Kontrakt-Spezifikationen verändert. Grundlage dazu waren die Schlußkurse vom vorherigen Börsentag, dies war Freitag, der 23. März. Es wird stets der rechnerische Wert des Bezugsrechtes in Ansatz gebracht, nicht - wie vielfach angenommen - der am ersten Handelstag des Bezugsrechtes festgestellte Wert. Am 21.03. hatte die VW-Aktie einen Schlußkurs von 605.50 DM. Das Bezugsrecht hatte damit einen rechnerischen Wert von 14.40 DM.

Um die neuen Basispreise der bestehenden Optionspositionen zu erhalten, wird die folgende Rechnung durchgeführt.

Rechnerischer Wert des Bezugsrechtes/Schlußkurs x 100 = Verminderung des Basispreises in %

Für alle laufenden VW-Kontrakte sah die Rechnung folgendermaßen aus:

$$14.40 \text{ DM}/605.50 \text{ DM} \times 100 = 2.38\%$$

Die Basispreise aller bestehenden VW-Kontrakte wurden jeweils um 2.38% vermindert.

Basispreise vor der KE	Basispreise nach der KE
480	469
500	488
550	537
600	586
650	635

Um den Wert der alten Kontrakte wieder zu erhalten, muß die Anzahl der je Kontrakt zu beziehenden Aktien entsprechend erhöht werden.

Beispiel

VW-Option Basis 500

Wert des Kontraktes vor der Kapitalerhöhung:

$$500 \text{ DM} \times 50 \text{ Aktien} = 25.000.- \text{ DM}$$

Der 500er Kontrakt muß auch der Kapitalerhöhung denselben Wert beinhalten. Es wird daher folgende Berechnung durchgeführt:

> Wert des Kontraktes vor der KE/korrigierter Basispreis
> = Anzahl der nach der KE je Kontrakt zu beziehenden Aktie

$$25000 \text{ DM}/488 \text{ DM} = 51.2295$$

Der Kontrakt beinhaltet also nach der Kapitalerhöhung das Recht, 51.2295 Aktien für jeweils 488 DM zu kaufen bzw. zu verkaufen. Dies ist natürlich nur theoretisch möglich. Bei der

Lieferung/Abnahme bleibt es bei der Kontraktgröße von 50 Aktien. Der Spitzenüberhang von 1.2295 Aktien wird durch einen Barausgleich abgerechnet. Die hier dargestellten Berechnungen werden für jeden Kontrakt durchgeführt, so daß sich nach der Kapitalerhöhung die folgenden neuen Kontrakt-Spezifikationen ergeben:

vor der KE	nach der KE
Basispreis x Kontraktgröße	Basispreis x Kontraktgröße
480 x 50	469 x 51.1727
500 x 50	488 x 51.2295
550 x 50	537 x 51.2104
600 x 50	586 x 51.1945
650 x 50	635 x 51.1811

Zur Betonung nochmals: Basispreise und die je Kontrakt zu beziehende Anzahl der Aktien werden nur bei den bestehenden Optionspositionen verändert.

Eine kompliziertere Regelung hätte die DTB nicht treffen können. Es können wohl nur die wenigsten Marktteilnehmer diese Berechnungen nachvollziehen.

Sicherheitsleistung

Der Stillhalter einer Option (Verkäufer eines Calls bzw. Puts) geht während der Optionslaufzeit eine Verpflichtung ein, die Aktien zu verkaufen bzw. zu kaufen. Um die Erfüllung dieser Verpflichtung stets zu gewährleisten, muß er eine Sicherheitsleistung bei der DTB hinterlegen. Hauptaufgabe der Clearing-Stelle ist es, täglich auf Grundlage der Settlement-Preise die Höhe dieser Sicherheitsleistung (Margin) zu berechnen. Dabei sind "gedeckte" von "ungedeckten" Stillhalterengagements zu unterscheiden.

Gedeckte Stillhalterengagements

Bei einem "gedeckten" Stillhalterengagement besitzt der Verkäufer eines Calls die dem Optionsgeschäft zugrunde liegende Anzahl von Basistiteln, d.h. er besitzt beispielsweise 50 Bayer-Aktien und verkauft darauf 50 Calls. Diese Aktien sind während der gesamten Laufzeit des Engagements für ihn gesperrt, d.h. er darf sie nicht weiter verkaufen. Seine Verpflichtung erlischt, sobald die Bindungsfrist beendet ist, d.h. der Käufer des Calls die Aktien abruft oder der verkaufte Kontrakt zurückgekauft wird.

Es sind ebenso "gedeckte" Stillhalterengagements in Puts möglich. Der Stillhalter hinterlegt hier bei seiner Bank den Kontraktwert (Basispreis x Anzahl der verkauften Optionen) in banküblichen Sicherheiten. Der "gedeckte" Put-Verkäufer kommt damit nicht in die tägliche Margin-Berechnung hinein. In der Praxis wird der "gedeckte" Verkauf von Puts kaum durchgeführt, da der Stillhalter eigentlich keinen Vorteil daraus ziehen kann. Im Gegenteil, er hinterlegt wesentlich höhere Sicherheiten, als von der DTB bzw. seiner Bank verlangt und schmälert dadurch seine Stillhalterrendite erheblich.

Bei diesen "gedeckten" Stillhalterengagements bleibt die Höhe der Sicherheitsleistungen während der Laufzeit der verkauften Option unverändert, weshalb keine tägliche Margin-Berechnung notwendig ist. Ob die Aktie steigt oder fällt, die Bank kann sicher sein, daß der Stillhalter seiner Verpflichtung aus dem Optionsgeschäft nachkommen kann.

Ungedeckte Stillhalterengagements

"Ungedeckt" besagt, daß der Stillhalter seine Sicherheitsleistung nicht zu 100% erbringt, d.h. nur ein Teil des Kontraktwertes als Margin hinterlegt.

Auf die bei der DTB zu hinterlegende Sicherheitsleistung schlagen die Banken, von Institut zu Institut abweichend, nochmals 50 - 100 Prozent "Sicherheitspuffer" zusätzlich auf. Die Margin, die bei der Begründung eines Stillhalterengagements hinterlegt werden muß, heißt "initial margin". Wenn die Aktie gegen den "ungedeckten" Stillhalter läuft, d.h. steigende Kurse beim Call-Verkauf bzw. fallende Kurse beim Put-Verkauf, verlangt die Bank einen Nachschuß (variation margin oder margin call). Wenn der Kunde keinen Nachschuß leistet, wird das Stillhalterengagement zwangsliquidiert, d.h. die Bank kauft den verkauften Kontrakt auf Kosten des Kunden zurück.

Grundsätzlich orientiert sich die Margin an der Höhe des Aktienkurses. Der Prozentsatz der Margin hängt jedoch davon ab, ob die Option "in-" bzw. "at-" oder "out-of-the-money" ist. Die folgenden Berechnungen beziehen sich auf die DTB-Margin.

In-the-money/at-the-money-Optionen

Hier hat die Option einen inneren Wert bzw. steht kurz davor einen inneren Wert zu bekommen. Es ist damit wahrscheinlich, daß der Optionskäufer seine Optionen ausüben wird. Die DTB verlangt daher eine höhere Sicherheit als bei "out-of-the-money"-Optionen. Neben dem Optionspreis werden 10 Prozent des Aktienkurses als Margin verlangt.

Margin = (Optionspreis + 10 Prozent des Aktienkurses) x Anzahl der verkauften Optionen.

Beispiel

Ungedeckter Verkauf eines Bayer-Calls 06/280/41,50 DM
Bayer Aktienkurs 312 DM

```
Margin = (41,50 DM + 312 DM x 0,10) x 50
       = 72,70 DM x 50
       = 3635 DM
```

Out-of-the-money-Optionen

Solange die Option "out-of-the-money", also ohne inneren Wert gehandelt wird, besteht keine Gefahr, daß sie vom Optionskäufer ausgeübt wird. Die DTB verlangt deshalb eine deutlich niedrigere Margin, d.h. den Optionspreis zzgl. 5 Prozent des Aktienkurses.

> Margin = (Optionspreis + 5 Prozent des Aktienkurses) x Anzahl der verkauften Optionen.

Beispiel

Ungedeckter Verkauf eines Bayer-Calls 06/340/10.-DM

Bayer-Aktienkurs 312 DM

```
Margin = (10.-DM + 312 DM x 0,05) x 50
       = 25,60 DM x 50
       = 1280 DM
```

Diese 1280 DM müssen bei der DTB hinterlegt werden. Verlangt die Bank darüber hinausgehend 50% zusätzliche Sicherheiten, beträgt die Gesamtmargin 1920 DM (38,40 DM je Option), bei 100% bereits 2560 DM (51,20 DM je Option).

Was der Stillhalter stets beachten muß, ist der Margin-Sprung, d.h. die Erhöhung des Einschusses sobald eine "out-of-the-money"-Option zur "at-the-money"-Option wird.

Steigt im obigen Beispiel der Kurs der Bayer-Aktie von 312 DM auf z.B. 332 DM sind 10% des Aktienkurses als Margin zu hinterlegen. Wenn wir davon ausgehen, daß sich der Optionspreis auf 15.-DM erhöht hat, sieht die Margin-Rechnung so aus:

```
Margin = (15.- DM + 332 DM x 0,10) x 50
       = 48,20 DM x 50
       = 2410 DM
```

Die Bank wird zum Nachschuß auffordern, die Gesamt-Margin liegt auf einmal zwischen 3615 DM (incl.50%) und 4820 DM (incl.100%)!

Der Settlement-Preis

Die tägliche Marginberechnung wird anhand der Settlement-Preise durchgeführt. Obwohl in den Kursteilen der Tageszeitungen überwiegend diese Settlement-Preise veröffentlicht werden, ist deren Berechnung noch immer vielen Marktteilnehmern unbekannt. Zur Verdeutlichung daher kurz die folgende Erklärung:

- Kommt es innerhalb der letzten Handelsstunde zu einem Abschluß, und es existieren zum Börsenschluß sowohl Ask- wie Bid-Preise, so wird der Mittelwert hieraus als Settlement-Preis angesetzt.

- Kommt innerhalb der letzten Handelsstunde kein Abschluß zustande, und sind zum Schluß weder Ask- noch Bid-Preise vorhanden, so errechnet die DTB einen Settlement-Preis.

- Kommt innerhalb der letzten Handelsstunde ein Abschluß zustande und dieser Kurs ist höher als der zu Börsenschluß bestehende Ask-Kurs, so wird dieser Kurs als Settlement-Preis angesetzt.

- Wenn innerhalb der letzten Handelsstunde ein Abschluß zustande kommt und dieser niedriger liegt als der zum Börsenschluß genannte Bid-Kurs, so wird dieser Kurs als Settlement-Preis angesetzt.

- Kommt innerhalb der letzten Handelsstunde ein Abschluß zustande und liegt dieser zwischen den beiden zu Börsenschluß gestellten Ask- und Bid-Kursen, so wird der Kurs des letzten Abschlusses als Settlement-Preis angesetzt.

Kapitel IV

Die DTB ...

... und die Banken

Spekulationen an der DTB sind zum gegenwärtigen Zeitpunkt leider relativ teuer, d.h. die Spesensätze sind wesentlich höher als am Aktienmarkt. Vor allem die optisch billigen Optionen werden im Einkauf ungewöhnlich teuer. Insgesamt läßt sich feststellen, daß gerade kleinere Spekulationsvolumina überdurchschnittlich mit Spesen belastet werden.

Im nachfolgenden wurden einige Spesenübersichten zusammengetragen. Leider hat sich jede Bank ein eigenes Gebührenmodell zurechtgebastelt, so daß Vergleiche relativ schwerfallen. Grundsätzlich läßt sich jedoch nicht sagen, welche Bank für Optionsgeschäfte als die geeignetste erscheint. Es muß auch betont werden, daß der Service, d.h. eine auf Optionsgeschäfte ausgerichtete Effektenabteilung wesentlich schwerer wiegt, als ein paar DM Differenz in den Spesen. Auch hier läßt sich kein allgemein gültiges Urteil fällen, da regional erhebliche Unterschiede im Service bestehen. Manche Filialen auf dem Lande sind organisatorisch noch gar nicht in der Lage, Optionsaufträge anzunehmen.

Die nachfolgende Spesenübersicht gilt unverbindlich. Zu den jeweiligen Spesen sind noch die Gebühren für die DTB zu addieren, die sich auf 7.- DM je Kontrakt belaufen.

	Spesen	Limitgebühren	Einschuß
BfG	1% des KW zzgl. 50DM	—	DTB-Margin zzgl. 50%
Bayrische Vereinsbank	1% des KW mindestens 100DM	10 DM	DTB-Margin
Commerzbank	25DM	—	DTB-Margin zzgl. 50%
Deutsche Bank	1% des KW zzgl. 100DM	5 DM	DTB-Margin zzgl. 100%
Dresdner Bank	1% des KW zzgl. 90DM	40 DM	DTB-Margin zzgl. 100%
Hypobank	bis 2000DM KW:120DM bis 5000DM KW:120DM+1% des KW über 50000DM KW:600DM+0,5% des KW	10 DM	DTB-Margin zzgl. 100%
Sparkasse Hamburg	1% des KW mindestens 90DM	20 DM	DTB-Margin zzgl. 50%

... und die Presse

In fast allen überregionalen Tageszeitungen werden heute die DTB-Kurse veröffentlicht.

Die FAZ bietet ihrem Leser die Tageshoch, Tagestief sowie die Settlementpreise. Im umfangreichen und informativen Wirtschaftsteil der Zeitung findet der Leser jedoch den Aktienkurs auf einer anderen Seite. Verzichtet wird auf die Veröffentlichung von Optionsumsätzen sowie Gesamtumsätzen.

Recht übersichtlich ist die Darstellung der DTB-Notierungen in der Süddeutschen Zeitung. Positiv ist, daß zu den entsprechenden Settlementpreisen die Aktienkurse angegeben werden, d.h. die Geld- u. Briefkurse gegen 15 Uhr. Über die Gesamtumsätze werden keine Angaben gemacht.

Bemerkenswert ist die Darstellung eines kurzen Marktberichtes in der WELT. Hier kann auch der Gesamtumsatz sowie der Umsatz eines einzelnen Kontraktes entnommen werden. Statt der Settlement-Notierungen werden Geld- u. Briefkurse sowie der Kurs des letzten Abschlusses veröffentlicht. Nachrichtlich werden leider nur die Kassakurse der DTB-Aktien publiziert.

Als einschlägiges Wirtschaftszeitung bietet das HANDELSBLATT alles, was der Spekulant benötigt. Es werden sämtliche Kontrakt je relevanten Daten angegeben: Umsätze (auch die des Optionsmarktes), Eröffnung, Tageshoch, -tief, letzter Bezahlt-Preis sowie Settlement. Auch Umsatz je Kontrakt sowie "open-interest" fehlen hier nicht. Es werden jedoch lediglich die Schlußkurse des Kassamarktes veröffentlicht. Für den Interessenten stehen auch die Settlements des Vortages zur Verfügung.

Die überwiegend von Banken bezogene und kaum am Kiosk erhältliche BÖRSENZEITUNG hat den besten und übersichtlichsten DTB-Börsenteil. Im Marktbericht wird auf die Umsätze, das Put/Call-Verhältnis sowie auf die Volatilitäten eingegangen. Im Gegensatz zum HANDELSBLATT werden anstelle der Schlußkurse die aussagekräftigeren Werte des nachbörslichen Verkehrs veröffentlicht. Zusätzlich werden die Kennzahlen Umsatz und "open-interest" summiert nach Titel sowie insgesamt ausgewiesen.

FAZ, Kurse vom 17.4.90, 70 % verkleinert

DEUTSCHE TERMINBÖRSE (DTB)

17. April

Basispreis	Calls Apr.	Mai.	Jun.	Sep.	Puts Apr.	Mai.	Jun.	Sep.	Basispreis	Calls Apr.	Mai.	Jun.	Sep.	Puts Apr.	Mai.	Jun.	Sep.
Allianz Hold. (2460.0–2490.0)									**Dresdner Bank** (424.0–426.0)								
2129	346.8	361.2	381.5	0.0	0.1	9.0	13.7	0.0	380	47.5	50.5	51.0	0.0	0.1	0.6	3.4	0.0
2221	254.8	275.8	295.0	0.0	0.1	12.3	23.4	0.0	400	27.5	32.0	35.0	47.8	0.3	3.0	8.0	16.5
2314	162.0	196.4	229.0	0.0	1.1	22.4	42.9	0.0	420	8.3	19.0	22.2	35.8	2.5	8.5	19.0	25.4
2407	70.0	129.4	166.5	236.2	1.2	47.8	67.5	148.8	440	0.7	9.0*	13.0	28.9	13.5	19.8	29.8	36.5
2499	26.2	78.6	117.8	190.0	30.0	88.6	103.1	192.5	460	0.1	4.0	5.1	18.8	34.0	34.0	46.5	50.0
2500	26.0	78.2	117.8	189.0	31.0	89.2	103.6	193.0	Umsatz: 478; off. Kontr.: 8396					Umsatz: 239; off. Kontr.: 2120			
2592	7.4	44.2	78.5	149.0	120.0	146.4	156.9	243.4									
2600	7.3	47.0	75.6	147.0	125.0	152.0	162.1	248.1									
2684	0.3	0.0	48.6	0.0	209.0	0.0	210.8	0.0	**Hoechst** (299.0–299.0)								
2700	0.2	11.8	44.2	115.9	225.0	233.4	230.7	310.8	260	40.0	0.0	44.3	0.0	0.1	0.0	1.9	0.0
2400	0.0	133.8	171.2	240.1	0.0	45.4	70.2	145.7	280	20.8	23.8	26.5	30.5	0.2	1.8	7.5	11.0
Umsatz: 41; off. Kontr.: 444					Umsatz: 45; off. Kontr.: 218				300	2.9	10.5	14.3	18.6	2.8	6.9	16.5	20.8
BASF (310.0–311.0)									320	0.2	3.0	6.0	12.0	18.5	21.3	28.5	37.0
260	52.2	0.0	57.0	0.0	0.1	0.0	0.5	0.0	340	0.1	1.1	2.3	6.9	38.5	39.0	45.0	52.0
280	31.5	34.5	38.0	40.6	0.3	0.6	1.5	5.5	Umsatz: 1090; off. Kontr.: 12920					Umsatz: 285; off. Kontr.: 3771			
300	11.5	17.6	23.0	27.5	0.7	3.0	5.0	12.9									
320	0.5	5.5	10.0	16.5	8.8	11.5	14.0	25.0	**Mannesmann** (377.0–378.0)								
340	0.1	2.0	4.6	9.9	27.6	31.4	33.0	44.0	320	66.5	66.0	70.3	0.0	0.1	1.2	1.9	0.0
Umsatz: 1095; off. Kontr.: 18571					Umsatz: 80; off. Kontr.: 4047				340	46.5	49.4	51.0	0.0	0.7	1.4	3.0	0.0
Bayer (311.0–312.0)									360	26.5	29.8	38.8	45.4	1.3	3.8	8.0	19.1
280	34.5	38.3	41.5	42.0	0.2	0.5	1.8	7.4	380	4.5	18.0	25.0	37.0	7.0	13.0	14.9	25.5
300	14.0	20.5	25.8	28.2	0.5	3.3	5.8	14.5	400	0.8	8.5	14.0	27.0	17.0	20.0	25.0	35.7
320	1.0	8.9	14.2	19.4	7.2	12.0	14.0	26.0	420	0.5	5.0	9.0	20.0	42.0	37.0	41.5	52.0
340	0.2	3.0	6.5	12.8	27.3	28.5	30.0	39.5	Umsatz: 1539; off. Kontr.: 9924					Umsatz: 342; off. Kontr.: 3593			
Umsatz: 1811; off. Kontr.: 22451					Umsatz: 455; off. Kontr.: 4957												
BMW (582.0–583.0)									**Siemens** (776.0–777.0)								
480	106.5	0.0	120.0	0.0	0.1	0.0	1.0	0.0	650	128.0	0.0	138.5	0.0	0.0	0.0	1.1	0.0
500	88.0	0.0	91.5	0.0	0.1	0.0	2.2	0.0	700	78.0	85.0	92.4	117.5	0.1	2.5	5.2	13.7
550	37.0	45.0	54.0	67.3	0.3	4.3	12.0	22.8	750	28.5	44.0	57.0	84.2	1.2	9.5	17.0	30.0
600	1.0	14.0	20.0	40.0	13.0	25.0	37.0	47.0	800	1.4	17.0	28.0	57.9	21.5	33.0	39.2	54.3
650	0.1	2.8	6.3	21.9	61.0	61.5	72.5	79.3	850	0.2	4.1	12.3	35.0	71.5	72.5	74.8	85.4
700	0.1	0.9	2.0	0.0	111.0	111.5	120.0	0.0	Umsatz: 2632; off. Kontr.: 30759					Umsatz: 714; off. Kontr.: 12211			
Umsatz: 482; off. Kontr.: 6444					Umsatz: 188; off. Kontr.: 1829												
Commerzbank (287.0–287.0)									**Thyssen** (310.0–312.0)								
260	28.5	31.2	32.0	35.3	0.1	2.0	3.3	9.0	260	55.0	0.0	58.2	0.0	0.1	0.0	1.5	0.0
280	9.0	16.0	18.6	29.5	0.3	4.7	10.0	16.0	280	34.0	37.9	41.4	0.0	0.2	1.3	3.2	0.0
300	0.4	6.4	10.0	18.9	12.1	15.0	21.2	30.0	300	14.2	20.8	26.1	37.8	0.5	3.7	7.4	14.0
320	0.1	2.2	3.9	12.0	32.0	33.0	41.5	37.5	320	1.1	9.5	15.0	27.5	6.8	12.9	16.6	23.0
340	0.1	0.5	1.6	0.0	52.5	53.0	60.0	0.0	340	0.2	3.8	8.2	18.0	23.0	27.5	29.3	34.5
360	0.1	0.0	0.5	0.0	71.5	0.0	79.0	0.0	Umsatz: 1511; off. Kontr.: 20243					Umsatz: 144; off. Kontr.: 5858			
Umsatz: 1652; off. Kontr.: 19405					Umsatz: 318; off. Kontr.: 5329												
Daimler Benz (915.0–918.0)									**Veba** (456.0–457.5)								
750	171.0	0.0	181.6	0.0	0.1	0.0	2.6	0.0	400	57.4	61.0	66.0	0.0	3.1	0.4	2.5	0.0
800	121.5	130.1	139.7	0.0	0.3	0.9	2.9	0.0	420	37.5	42.8	50.0	0.0	3.1	1.9	5.1	0.0
850	70.6	81.5	93.0	110.0	0.1	3.6	9.2	26.5	440	17.5	27.7	33.8	45.5	0.4	6.0	10.5	24.1
900	23.8	44.5	55.2	84.0	1.5	15.0	23.2	42.8	460	3.4	15.0	22.2	35.5	6.5	14.5	18.0	33.5
950	1.5	18.4	34.2	60.9	27.5	38.0	50.0	72.8	480	0.2	7.0	13.0	27.0	20.5	26.3	31.7	45.0
1000	0.4	7.0	17.0	41.5	76.5	79.8	87.9	102.5	500	0.1	2.8	7.6	19.0	32.0	43.0	47.5	59.0
Umsatz: 1668; off. Kontr.: 16043					Umsatz: 348; off. Kontr.: 5300				Umsatz: 1208; off. Kontr.: 19281					Umsatz: 208; off. Kontr.: 4388			
Deutsche Bank (799.0–800.0)									**Volkswagen** (585.0–586.0)								
700	101.5	105.0	106.5	0.0	0.1	2.1	5.5	0.0	469	124.5	0.0	130.6	0.0	0.1	0.0	1.9	0.0
739	61.3	0.0	73.8	0.0	0.1	0.0	9.8	0.0	488	102.5	105.1	113.1	0.0	0.6	0.9	0.8	0.0
750	51.3	61.0	65.0	91.3	0.5	7.6	15.0	28.5	537	52.0	61.5	68.8	82.3	0.2	2.8	6.6	17.3
789	16.0	0.0	41.4	0.0	3.3	0.0	31.0	0.0	550	41.0	50.0	59.0	74.5	0.4	5.0	8.1	21.3
800	9.0	27.0	35.2	62.0	6.9	27.1	37.0	54.3	586	7.0	24.6	35.1	54.0	2.5	15.0	22.5	36.6
838	0.7	0.0	19.8	0.0	37.5	0.0	61.3	0.0	600	2.2	19.0	29.5	48.2	11.5	22.5	30.5	43.6
850	0.3	9.0	16.5	43.0	49.0	64.1	71.3	81.6	635	0.2	8.1	16.1	32.5	44.5	49.0	51.0	68.9
887	0.1	0.0	8.9	0.0	84.8	0.0	99.6	0.0	650	0.1	4.8	12.5	27.1	58.5	60.0	65.0	74.4
Umsatz: 1317; off. Kontr.: 18307					Umsatz: 430; off. Kontr.: 4071				Umsatz: 1543; off. Kontr.: 19610					Umsatz: 347; off. Kontr.: 6896			

Angegeben ist jeweils der letzte bezahlte Kurs. Die Preise gelten immer für eine Option, gehandelt wird in Kontrakten zu je 50 Optionen. Um auf den Preis eines Kontraktes zu kommen, müssen die hier angegebenen Preise also mit 50 multipliziert werden. Letzter Handels- und Ausübungstag ist jeweils der dritte Freitag des Monats. Bei den offenen Kontrakten handelt es sich um den Vortageswert. Die Zahlen in Klammern geben die Preise (Geld-Brief) an, die gegen Schluß des DTB-Handels (15.00 Uhr) im nachbörslichen Telefon-Verkehr (Matis/Ibis) gestellt wurden. Ohne Gewähr. Quelle: VWD

SÜDDEUTSCHE ZEITUNG, Kurse vom 17.4.90

Deutsche Terminbörse

17. April 1990

Ruhiger Marktverlauf

DW. – Die Deutsche Terminbörse kam nach Ostern nur langsam in Schwung. Nachdem der Aktienmarkt keine Anregungen liefern konnte, ebbte das Geschäftsvolumen auch an der Computerbörse deutlich ab. Die Zahl der gehandelten Kontrakte belief sich auf 22 148; 18 067 entfielen auf Kaufoptionen, 4081 auf Verkaufsoptionen. An der Spitze lagen weiterhin Siemens mit 3346 Abschlüssen, Bayer folgten mit 2266 sowie Daimler mit 2016 Kontrakten. Erst wenn der Börsenzug wieder ins Rollen kommt, dürften auch die Terminals der DTB wieder besser ausgelastet sein.

Call = Kauf, Put = Verkauf, Strike = Basispreis, B = Bid (Geld), A = Ask (Brief), L = Last (letzt gehandelter Kurs), V = Volume (Umsatz)

DIE WELT, Kurse vom 17.4.90, 90 % verkleinert

Tagesbericht von der DTB und dem Frankfurter Optionsmarkt

HANDELSBLATT, Dienstag, 17.4.1990

ret FRANKFURT. Mit weiterhin recht beachtlichen Umsätzen wartete die Deutsche Terminbörse am ersten Handelstag nach den Osterfeiertagen auf. Dabei ließen sich die Akteure von der umsatzmäßig ruhigen Entwicklung an den meisten Finanzplätzen kaum beeinflussen.

Von der DTB wurden am Dienstag folgende Umsatzzahlen in den auf vierzehn führende Aktien gehandelten Optionen gemeldet (Anzahl der Kontrakte; zunächst Calls, dann Puts):

	Calls	Puts
Allianz-Holding	41	45
BASF	1095	80
Bayer	1811	455
BMW	482	188
Commerzbank	1652	318
Daimler-Benz	1668	348
Deutsche Bank	1317	368
Dresdner Bank	478	239
Hoechst	1090	285
Mannesmann	1539	342
Siemens	2632	714
Thyssen	1511	144
Veba	1208	208
VW	1543	347

Insgesamt wurden an der DTB nach den Feiertagen 22 148 (Vortag: 25 029) Kontrakte gehandelt. Davon entfielen 18 067 (20 772) auf Kaufoptionen und 4 081 (4 257) auf Verkaufsoptionen. Umsatz-Spitzenreiter waren erneut Siemens, gefolgt von Bayer und Daimler.

Im Freiverkehrs-Optionshandel an der Frankfurter Präsenzbörse wurden am Dienstag 1 492 Kontrakte (+ 213 gegenüber dem Donnerstag der vergangenen Woche) gehandelt; dies entspricht 78 750 (+ 6300) Aktien. Davon entfielen 421 (+ 201) Kontrakte über 3 849 (- 2 601) Aktien auf Verkaufsoptionen. Damit hat sich der Anteil der Puts am Gesamtvolumen um 11,02 Prozentpunkte auf 28,22 % erhöht.

Am Ausübungstag für die April-Optionen war das Geschäft eher ruhig, berichteten Frankfurter Makler. Gefragt waren im Bereich der Kaufoptionen vor allem Bayer und Continental. Auffallend war die Steigerung der Puts am Gesamtumsatz. Sowohl bei den Calls als auch bei den Puts war keine einheitliche Preisentwicklung festzustellen.

Folgende nennenswerte Abschlüsse wurden bekannt:
- Dresdner Bank-Puts, Juli 380, zu 6 DM – 1800 Aktien;
- Dresdner Bank-Puts, Juli 400, zu 11,50 DM – 1750 Aktien;
- Deutsche Bank-Calls, Juli 800, zu 45 DM – 1100 Aktien
- Daimler-Calls, Juli 1100, zu 10 DM – 5000 Aktien;
- Daimler-Calls, Juli 950, zu 51 DM – 2000 Aktien.

HANDELSBLATT, Kurse vom 18.4.90, 70 % verkleinert, Tagesbericht vom 17.4.90, 80 % verkleinert

DTB-Marktbericht

Ruhig

Börsen-Zeitung, 18.4.1990

ri Frankfurt (Eig. Ber.) – Parallel zum Kassamarkt war auch das Geschäft an der DTB ohne besondere Ereignisse. Es wurde ein Umsatzrückgang von 25 029 auf 22 148 Kontrakte registriert. Dabei standen 18 067 Calls 4 081 Puts gegenüber. Die Put-Call-Ratio stieg von 0,205 auf 0,226 an. Die Extremwerte um diesen Mittelwert bildeten BASF mit 0,073 und Dresdner Bank mit 0,5. Die Volatilitäten gaben sowohl auf der Put- als auch auf der Call-Seite nach.

Umsatzspitzenreiter waren erneut Siemens mit 3 346 Kontrakten. Dabei gab das Verhältnis zwischen Kauf- und Verkaufsoptionen von 5,61 auf 2,6 nach. Gegen den allgemeinen Trend belebte sich die Geschäftstätigkeit bei der Großchemie. Die deutlichste Steigerung erfuhr dabei BASF, wo sich die Umsätze auf der Call-Seite annähernd verdoppelten.

Stark zurückgefallen ist dagegen der Umsatz bei Deutsche Bank. Hier fiel die Zahl der gehandelten Kontrakte auf 1 685 zurück. Die Put-Call-Ratio stieg deutlich von 0,162 auf 0,279. Das geringste Transaktionsvolumen wurde erneut bei Allianz (86), BMW (680) und Dresdner Bank (717 Kontrakte) festgestellt.

BÖRSENZEITUNG, Tagesbericht vom 18.4., 80 % verkleinert, Kurse vom 17.4., 70 % verkleinert

Kapitel V

weiteres

Der Optionspreis

Die Preise (Kurse) an der DTB richten sich wie auf allen anderen Märkten nach dem Verhältnis Angebot und Nachfrage. In diesem Kapitel sollen die Zusammensetzung des Optionspreises und seine Einflußfaktoren genauer untersucht werden.

Der innere Wert

Vereinfacht ausgedrückt hat die Option einen "inneren Wert", sofern die sofortige Ausübung der Option einen Gewinn brächte. Der "innere Wert" besagt damit, was die Option mindestens Wert ist. Ergibt die Berechnung des "inneren Wertes" eine negative Zahl, besteht der Optionspreis nur aus Aufgeld.

Call:

    Innerer Wert = Aktienkurs - Basispreis

Put:

    Innerer Wert = Basispreis - Aktienkurs

Beispiel

Bayer-Aktienkurs   312.- DM

- Call 06/300/25,80 DM
  innerer Wert = 312 - 300 = 12 DM

- Put 06/320/14,00 DM
  innerer Wert = 320 - 312 = 8 DM

Das Aufgeld

Das Aufgeld besagt, um wieviel der Erwerb (Verkauf) der Aktien über Optionen teurer ist, als der direkte Aktienkauf/ Aktienverkauf. Es drückt ferner aus, um welchen Betrag die Aktie bis zum Ende der Optionslaufzeit gestiegen/gefallen sein muß, damit die Optionen ohne Verlust ausgeübt werden können. Ganz allgemein gilt die folgende Formel zur Aufgeldberechnung:

> Aufgeld in DM = Optionspreis - Innerer Wert

Da diese Formel bei Optionen ohne inneren Wert zu falschen Ergebnissen führen kann, sind die beiden folgenden Formeln aussagekräftiger:

> **Call:**
>
> Aufgeld in DM = Basispreis + Optionspreis - Aktienkurs
>
> **Put:**
>
> Aufgeld in DM = Aktienkurs + Optionspreis - Basispreis

Das prozentuale Aufgeld errechnet sich wie folgt:

> Aufgeld in Prozent = (Aufgeld in DM / Aktienkurs) x 100

Beispiel

Bayer-Aktienkurs   312.- DM

- Call 06/300/25,80 DM

Aufgeld im DM = 300 + 25,80 - 312 = 13,80 DM
Aufgeld in   % = (13,80/312) x 100 =   4,42 %

Das Aufgeld einer Option wird auch Agio, Prämie oder Zeitwert genannt. Ergibt sich bei der Aufgeldberechnung eine negative Zahl, so wird die Option mit einem Abgeld (Disagio) gehandelt.

Das Aufgeld, eine logische Erklärung

Daß der innere Wert einer Option bezahlt werden muß leuchtet ein. Die Frage, welche Einflußfaktoren auf den anderen Teil des Optionspreises - das Aufgeld - einwirken, bleibt vielfach ungeklärt. Es ist nicht ein Faktor, es wirken eine ganze Reihe von Faktoren. In der Optionsliteratur wird dem Aufgeld von Optionen m.E. unzureichender Platz eingeräumt. Ich halte es für das allgemeine Verständnis der Optionsspekulation von unbedingter Wichtigkeit, die im folgenden genannten Faktoren zu beachten.

Vorab eine zusammenfassende Grafik, die einzelnen Punkte werden anschließend besprochen.

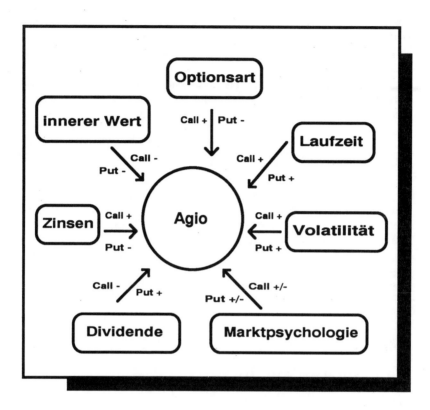

Abhängigkeit von der Optionsart

Generell läßt sich feststellen, daß die Aufgelder bei Calls höher sind als bei Puts. Dies ist durch Erwartungshaltung der Investoren zu erklären.

Börsianer neigen naturgemäß zum Optimismus. Wenn in einer Börsensituation, in der weder sonderlich negative noch überaus positive Faktoren die Kurse beeinflussen, zehn Börsianer gefragt werden, ob sie mittelfristig mit steigenden oder fallenden Kursen rechnen, so wird die Mehrzahl der Befragten sicherlich auf steigende Kurse setzen.

Dieses "Positiv-Denken" wirkt sich natürlich auch auf die Optionspreise aus. Das Verhältnis Angebot und Nachfrage bestimmen die Preise. Die DTB-Investoren, die mit steigenden Kursen rechnen, kaufen Calls bzw. verkaufen Puts. Dadurch sind die Nachfrage in Calls und das Angebot in Puts überdurchschnittlich. Dies wirkt sich darin aus, daß die Aufgelder der Calls höher sind, als die der Puts.

Fazit: Aufgrund der grundsätzlich positiven Einstellung der Marktteilnehmer haben Calls i.d.R. höhere Agios als Puts.

Abhängigkeit von der Restlaufzeit

Je länger die Laufzeit einer Option ist, desto größer ist auch die Wahrscheinlichkeit von Kursschwankungen. Mit der Laufzeit steigen daher sowohl die Chancen des Käufers, wie auch das Risiko des Verkäufers einer Option.

Optionen mit dem spätesten Verfalltermin haben deshalb stets das höchste Aufgeld. Die folgenden Berechnungen sollen dies verdeutlichen.

Beispiel

Bayer Aktienkurs 312.- DM

- Call Basis 300

Verfall	Optionspreis	Aufgeld
20.04.90	14,00 DM	0,64 %
18.05.90	20,50 DM	2,72 %
15.06.90	25,80 DM	4,42 %
21.09.90	28,40 DM	5,26 %

Bei der Einrechnung der verschiedenen Restlaufzeiten ergibt sich jedoch ein anderes Bild.

Verfall	Aufgeld	Restlaufzeit	Aufgeld auf Jahresbasis
20.04.90	0,64 %	3 Tage	76,80 %
18.05.90	2,72 %	31 Tage	31,59 %
15.06.90	4,42 %	59 Tage	26,97 %
21.09.90	5,26 %	157 Tage	12,06 %

Optionen mit der kürzesten Laufzeit haben stets das niedrigste Aufgeld, sind auf Jahresbasis gerechnet jedoch immer die teuersten. Dies gilt für Calls und Puts gleichermaßen. Dieser Sachverhalt ist wahrscheinlich der Mehrheit der Optionsspekulanten nicht bekannt!

Die folgende Abbildung werden Sie in der Optionsliteratur öfters finden.

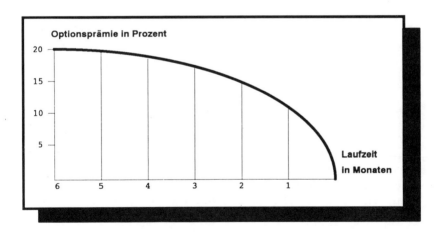

Wie aus der Grafik zu ersehen ist, baut sich das Aufgeld nicht proportional zur Restlaufzeit der Option ab. Besonders kurz vor Verfall beschleunigt sich die Aufgeldreduktion.

Das Aufgeld vermindert sich täglich, bis es sich schließlich ganz abgebaut hat. In den letzten Tagen vor Verfall ist sogar oft zu beobachten, daß Optionen mit einem Disagio, also unter ihrem inneren Wert, gehandelt werden. Dies erklärt sich damit, daß kurz vor dem Verfalltermin die laufenden Optionen glattgestellt werden müssen. Diesem plötzlichen, erheblichen Angebot steht keine entsprechende Nachfrage gegenüber. Es macht keinen Sinn, auf nur wenige Tage beschränkt, auf die Kursbewegung einer Aktie zu spekulieren. Nachfrage entsteht unmittelbar vor dem Verfall erst dann, wenn sich die Agios in Disagios umgewandelt haben, die so attraktiv sind, daß Arbitrage-Transaktionen möglich sind. D.h., daß Optionen gekauft, sofort ausgeübt, und die Aktien anschließend an der Börse wieder glattgestellt werden. Diese Arbitrage wird von Banken und Händlern durchgeführt, die nur mit minimalen Spesenssätzen rechnen müssen.

Fazit: Je länger die Laufzeit einer Option (Call oder Put) ist, desto höhere Aufgelder sind gerechtfertigt.

Abhängigkeit vom inneren Wert

Je weiter eine Option im Geld liegt, desto höher ist der Optionspreis, desto geringer ist i.d.R. aber auch das Aufgeld. Dieser Umstand soll aus der Sicht des Käufers wie des Verkäufers erklärt werden.

Wenn der Käufer die Wahl zwischen zwei Optionen gleicher Laufzeit hat, wird er sich nur für die Option entscheiden, die einen größeren Kapitalaufwand erfordert, sofern er dafür einen Rabatt in Form eines niedrigeren Aufgeldes erhält. Anders formuliert wird er für ein geringeres (absolutes) Kapitalrisiko (niedrigerer Optionspreis) auch bereit sein, einen höheren Aufpreis zu bezahlen. Daneben läßt auch die größere Hebelwirkung aus Sicht des Käufers ein höheres Aufgeld zu.

Beispiel

Bayer Aktienkurs 312.- DM

Optionen	Call 06/280/41,50 DM	Call 06/320/14,20 DM
Break-Even-Point	321,50 DM	334,20 DM
Erforderlicher Kursanstieg	3,04 %	7,12 %
Max. Verlust bei einem Kurs von unter	41,50 DM 280,00 DM	14,20 DM 320,00 DM

Je höher der Optionspreis ist, den der Verkäufer einer Option erzielen kann, desto niedriger wird sein Risiko. Der Break-Even-Point, also der Punkt an dem seine Gewinn- oder Verlustzone beginnt, liegt dadurch tiefer (Call) bzw. höher (Put).

Für den größeren "Sicherheitspuffer" wird der Stillhalter auch ein geringeres Aufgeld, d.h eine kleinere maximale Gewinnchance akzeptieren.

Die Berechnungen beziehen sich auf "gedeckte" Stillhaltergeschäfte.

Beispiel

Bayer-Aktienkurs 312.- DM

Optionen	Call 06/280/41,50 DM	Call 06/320/14,20 DM
maximaler Gewinn	9,50 DM 3,04 %	22,20 DM 7,12 %
Break-Even-Point	270,50 DM	297,80 DM
Sicherheitspuffer	13,30 %	4,55 %

Fazit: Optionen mit dem niedrigsten (Calls) bzw. höchsten (Puts) Basispreis besitzen stets das geringste Aufgeld. Das Aufgeld der "billigeren" Optionen, d.h. der Optionen mit einem niedrigerem Optionspreis, kann eventuell gleich, jedoch niemals geringer sein.

Gerade die unterschiedlichen Aufgelder von Optionen mit abweichenden Basispreisen ermöglichen erst die Anwendung vieler Optionsstrategien.

Abhängigkeit vom Zinsniveau

Auch das herrschende Zinsniveau beeinflußt das Aufgeld einer Option.

Die Motivation des Stillhalters rührt weniger aus der Absicht, mit dem Kapital zu spekulieren, als vielmehr eine sichere, möglichst hohe Rendite zu erzielen. Während der Bindungsdauer hat der Verkäufer einer gedeckten Kaufoption die Aktien in seinem Depot zu halten. In dieser Zeit des "Stillhaltens" hat er keine Möglichkeit das darin gebundene Kapital zinsbringend anzulegen.

Eine Alternative zum Stillhaltergeschäft ist für den Aktienbesitzer die Anlage in festverzinslichen Wertpapieren. Steigt der kurzfristige Zinssatz, werden bei gleichbleibendem Aufgeldniveau Stillhalterengagements zunehmend unattraktiver. Er wird daher nur bereit sein, die Aktien weiter zu halten und Optionen darauf zu verkaufen, sofern er eine höhere Rendite - in Form eines höheren Aufgeldes - erzielen kann.

Wer den Erwerb eines Aktienpaketes plant, wird bei steigenden Zinsen den Kauf wahrscheinlich aufschieben wollen. Die vorläufige Anlage in Zinspapieren bei gleichzeitiger Sicherung des Bezugspreises der Aktien durch den Kauf eines Calls ist sicherlich eine attraktive Variante. Grundsätzlich wird der Käufer einer Kaufoption daher bei steigenden Zinsen auch bereit sein, ein höheres Aufgeld zu bezahlen.

Eine ähnliche Motivation hat der Besitzer eines Aktienpaketes, für den eine Alternative zum sofortigen Aktienverkauf der Kauf eines Puts ist. Dabei wird jedoch kein Kapital frei, so daß keine Zinsen erwirtschaftet werden können. Der verkaufswillige Aktienbesitzer wird deshalb seine Aktien bei steigenden Zinsen nur halten, wenn die Sicherung des Verkaufskurses günstiger wird, d.h. sofern das Aufgeld sinkt.

Fazit: Mit den Zinsen steigen auch die Aufgelder von Calls, die von Puts nehmen ab. Der Zinsfaktor darf jedoch nicht überbewertet werden. Auch bei einer nachhaltigen Zinsrallye ist nur langsam eine Verschiebung der Aufgeld-Struktur zu beobachten.

Abhängigkeit von der Dividende

Auch Höhe und Zeitpunkt der Dividendenausschüttung beeinflussen das Aufgeld. Die Dividende steht einzig dem Besitzer der Aktien zu. Der Optionshalter spürt keinen unmittelbaren Einfluß, da die Basispreise bei der Ausschüttung nicht verändert werden.

Am Tag der Dividendenzahlung fällt der Kurs der Aktie in etwa um den Ausschüttungsbetrag. Der Kurs eines Calls sinkt damit, der Wert eines Puts steigt.

Diese vorhersehbare Kursveränderung führt insbesondere bei Optionen, deren Basiswerte eine hohe Dividendenrendite aufweisen, zu unterschiedlichen Entwicklungen.

Calls mit kurzer Restlaufzeit, die im Geld liegen, werden häufig unmittelbar vor der Dividendenausschüttung ausgeübt. Der Optionsbesitzer kauft also die Aktien zum Basispreis, kassiert die Dividende und stellt danach seine Position auf dem Aktienmarkt wieder glatt.

Gleichzeitig gehen die Umsätze in Calls kurz vor der Ausschüttung deutlich zurück. Wer mittel- bis längerfristig auf steigende Kurse spekulieren möchte, wartet den vorhersehbaren Kursrückgang der Aktie und damit eine niedrigere Einstiegsbasis für Calls ab.

Die Besitzer von Puts warten gleichzeitig auf den Kursrückgang der Aktie; sie sind nur bereit, für höhere Aufgelder zu verkaufen.

Die Spekulanten, die Stillhalterengagements in Puts eingehen möchten, stellen ihr Vorhaben bis zum Rückgang des Aktienkurses zurück.

Beispiel

Am Freitag, den 23. März, hielt die Thyssen AG ihre Hauptversammlung. Am darauffolgenden Montag wurden 10 DM Dividende ausgeschüttet. Gut zwei Wochen vor der Dividendenzahlung notierte die Thyssen-Aktie bei 310 DM. Einschließlich Steuergutschrift errechnete sich auf dieser Basis eine attraktive Rendite von gut 5 Prozent. Bis zur HV erhöhte sich der Kurs der Thyssen-Aktie auf 335 DM. Am Dividenden-Tag gab die Thyssen-Aktie um 12 DM auf 323 DM nach, drei Tage später notierte sie bei 318 DM.

Die absoluten Beträge interessieren bei dieser Betrachtung weniger, als die Entwicklung der prozentualen Aufgelder. In den beiden folgenden Charts wird die Entwicklung des Agios eines 320er April-Calls und eines 300er April-Puts betrachtet.

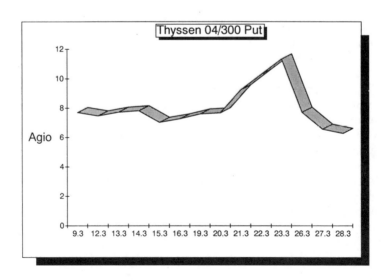

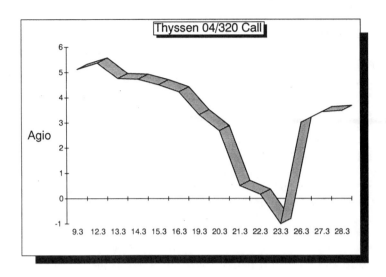

Am 9.3. errechnete sich beim Put ein Agio von 7.72 Prozent. Dieses erhöhte sich bis zum HV-Termin am 23.3. auf 11.37 Prozent. Anschließend reduzierte es sich wieder auf 7 Prozent.

Analog verlief die Entwicklung beim 320er April-Call. Am 9.3. hatte die Option ein Agio von 5.14 Prozent, das sich bis zur HV in ein Disagio von 1 Prozent verwandelt. Nach dem Dividendenabschlag baute sich das Aufgeld schnell wieder auf.

Fazit: Bis zur Dividendenausschüttung steigen die Aufgelder von Puts, während die Prämien von Calls sinken. Je höher die Dividendenrendite des Basistitels ist, desto größer ist die Veränderung des Aufgeldniveaus.

Abhängigkeit von der Volatilität

Das Aufgeld hängt in großem Maße von der Volatilität der zu Grunde liegenden Aktie ab. Die Volatilität mißt die Kursbeweglichkeit bzw. Schwankungsbreite einer Aktie.

Je größer die Kursschwankungen einer Aktie sind, desto größer sind Chancen eines Käufers und das Risiko des Verkäufers einer Option. Der Verkäufer einer Option wird nur bereit sein

ein größeres Risiko einzugehen, wenn er dafür ein höheres Aufgeld, d.h. eine größere Verdienstchance, erhält. Der Käufer wiederum wird für eine größere Gewinnchance auch ein höheres Aufgeld akzeptieren. Optionen auf kurslangweilige Werte werden daher stets mit niedrigsten Aufgeldern gehandelt.

Hierzu kurz ein Beispiel. Am 17. April notierten Bayer und Thyssen bei jeweils 312 DM. Während die Bayer-Aktie eine Volatilität von 16.82 Prozent bzw. 21.42 Prozent (30- bzw. 250-Tages-Durchschnitt, siehe Kapitel VI) aufweist, lauten die Kennzahlen bei der Thyssen-Aktie auf 21.17 Prozent bzw. 27.06 Prozent. Der 300er Bayer-Call, Verfall September, wurde am 17. April für 28.20 DM gehandelt; der identische Thyssen-Call (09/300) hatte einen Optionspreis von 37.80 DM. Dem Agio des Bayer-Calls von 5.2 Prozent steht damit ein Agio von 8.27 Prozent bei Thyssen gegenüber. Ein gewaltiger Unterschied, der sich aufgrund der identischen Kontraktspezifikationen durch die erheblich unterschiedlichen Volatilitäten erklärt.

Fazit: Je höher die Volatilität eines Basistitels ist, desto größere Aufgelder sind gerechtfertigt. Dies gilt für Calls und Puts gleichermaßen.

Abhängigkeit von der Marktpsychologie

Ein bedeutendster Faktor bei der Bildung des Aufgeldes ist die Psychologie am Aktien- bzw. Optionsmarkt. Mögen die o.g. Faktoren das Aufgeld einer Option beeinflussen, so entscheidet doch letztlich die Erwartung steigender oder fallender Kurse, über Kauf oder Verkauf einer Option. Erst die Einstellung und Phantasie eines Optionskäufers bzw. -verkäufers b e w e r t e n diese Faktoren.

Ein Großteil der Investoren an den Terminmärkten ist vollkommen modellgläubig. Sie stützen ihre Optionsdispositionen auf die Ergebnisse der mathematischen Optionsbewertungsmodelle. Sondereinflüsse bleiben dadurch gezwungener Maßen unberücksichtigt.

Doch immer wieder eintretende nicht vorhersehbare Ereignisse lassen alle Rechenmodelle zur Farce werden. Wenn ein Michael Gorbatschow heute einem Mordattentat zum Opfer fiele, würden alle Börsen weltweit in einen Riesen-Crash geraten. In solchen Phasen ist es unerheblich ob eine Option nun zu billig oder zu teuer ist. Auch wenn Calls zu einem Fünftel ihres eigentlichen Wertes gehandelt werden würden, kämen Call-Engagements einem Tanz auf dem Vulkan gleich. In Übertreibungsphasen (in beiden Richtungen) verlieren alle gängigen Bewertungsmodelle ihre Gültigkeit.

Der gesunde, nüchterne Menschenverstand ist und bleibt das allerwichtigste, egal ob sie mit Aktien oder mit Optionen spekulieren. Die verschiedensten Bewertungsmodelle von Optionen können Hilfestellungen zur Auswahl des "richtigen" Optionstitels geben. Das Wichtigste bleibt jedoch Ihre Einstellung zum Markt, d.h. ob Sie mit fallenden, stagnierenden oder steigenden Kursen rechnen. Die Ergebnisse der Modellrechnungen können Ihnen erst nach diesem Entschluß Hilfestellung (in der Auswahl des attraktivsten Optionstitels) bieten.

Fazit: Die Marktpsychologie, d.h. die Erwartung steigender oder fallender Kurse, beeinflußt die Aufgelder von Calls und Puts erheblich. Entscheidend ist hier wiederum die Angebots- und Nachfragerelation.

Thomas Müller
VERMÖGENSVERWALTUNG

individuelle, auf ihre Verhältnisse zugeschnittene Depotverwaltung ab 250 TDM.

"Schicken Sie uns Ihre Visitenkarte.
Wir schicken Ihnen unsere Informationen."

Münchener Str. 14, 8200 Rosenheim - Telefon 08031 / 14988 - Fax 08031 / 14283

Kapitel VI

tieferes

In den vorangegangenen Kapiteln haben Sie das Grundrüstzeug für Optionsspekulationen an der DTB bekommen. An dieser Stelle sollen nun optionsrelevante Einfluß- bzw. Bewertungsfaktoren kurz angesprochen werden. Explizitere Darstellungen entnehmen Sie bitte dem Nachfolgeband "DTB - Optionsstrategien".

Das Risiko der Spekulation auf den Finanzmärkten läßt sich in ein systematisches und in ein unsystematisches Risiko untergliedern.

Das unsystematische Risiko bezeichnet das titelspezifische Risiko, d.h. Ereignisse, die konkrete Folgen auf eine Aktie (Optionsschein, Option) haben können. Ein unerwartet hoher Gewinnausweis stimuliert beispielsweise einen Aktienkurs, während die Bekanntgabe einer Dividendenkürzung sich negativ auf den Titel auswirken dürfte. Dieses Risiko wird auch firmenspezifisches oder individuelles Risiko genannt.

Das systematische Risiko bezeichnet das Risiko für den ganzen Markt. Hierunter werden unvorhersehbare Faktoren, wie z.B. Zinsanhebungen, politische Unsicherheiten oder Naturkatastrophen eingeordnet, die den gesamten Aktienmarkt beeinflussen können. Mehr als 90 Prozent aller Aktien schwimmen mit dem Markt. Nur selten können sich einzelne Titel dem Gesamttrend entziehen. Wenn Sie via Future oder Option auf den Aktienindex spekulieren, ist das Risiko auf den Markt und dessen Einflußfaktoren begrenzt. Es gibt damit nur noch das systematische Risiko, ein unsystematisches Risiko besteht in diesem Fall nicht.

Doch auch via Optionsspekulation auf einzelne Aktientitel kann der Index-Spekulation sehr nahe gekommen werden. Hierzu sind die Kennzahlen Volatilität, Korrelation und Beta-Faktor sehr hilfreich. Die abgebildete Tabelle wird im Kursteil des Handelsblattes und der Börsenzeitung täglich abgedruckt.

DAX-Index Deutscher Aktienindex

Kennzahlen für den Handel mit Options und Futures

Kürzel	Volatilität (30 Tage) p.a.	Volatilität (250 Tage) p.a.	Korrelation (30 Tage)	Korrelation (250 Tage)	Beta (250 Tage)
DAX	15,13 %	22,45 %	1,0000	1,0000	1,0000
ALV	34,53 %	26,38 %	0,4667 (28)	0,7930 (18)	0,9315
BAS	14,41 %	20,39 %	0,7201 (15)	0,8458 (8)	0,7684
BAY	16,82 %	21,49 %	0,6542 (23)	0,7477 (24)	0,7157
BHW	18,80 %	28,02 %	0,6398 (25)	0,8010 (17)	0,9999
BMW	16,41 %	26,75 %	0,8608 (3)	0,8384 (9)	0,9991
BVM	21,58 %	28,29 %	0,7801 (13)	0,8339 (11)	1,0511
CBK	20,71 %	27,53 %	0,8077 (10)	0,8539 (7)	1,0472
CON	30,79 %	25,23 %	0,6555 (22)	0,5859 (29)	0,6585
DAI	20,19 %	30,38 %	0,8520 (5)	0,8999 (3)	1,2179
DGS	25,13 %	32,66 %	0,6832 (18)	0,7812 (20)	1,1368
DBC	33,59 %	45,36 %	0,4915 (27)	0,6823 (25)	1,3790
DBK	18,40 %	25,86 %	0,7837 (12)	0,9048 (2)	1,0423
DRB	17,75 %	22,56 %	0,8357 (6)	0,8076 (16)	0,8116
FDN	23,33 %	17,81 %	0,2848 (30)	0,1681 (30)	0,1334
HEN3	18,26 %	28,36 %	0,6731 (21)	0,7529 (22)	0,9514
HFA	11,83 %	20,71 %	0,6929 (16)	0,7804 (21)	0,7199
KAR	21,78 %	34,92 %	0,6807 (19)	0,8119 (13)	1,2629
KFH	22,86 %	31,47 %	0,6913 (17)	0,7910 (19)	1,1091
LIN	23,07 %	24,35 %	0,7391 (14)	0,8116 (14)	0,8803
LHA	32,21 %	29,61 %	0,6195 (26)	0,6714 (26)	0,8858
MAN	36,69 %	40,29 %	0,8252 (9)	0,8245 (12)	1,4797
MMW	26,58 %	36,96 %	0,9078 (1)	0,8374 (10)	1,3788
NIX3	40,25 %	47,67 %	0,2866 (29)	0,6233 (28)	1,3237
RWE	23,17 %	30,21 %	0,8318 (7)	0,8684 (6)	1,1689
SCH	21,64 %	21,32 %	0,6511 (24)	0,6624 (27)	0,6292
SIE	17,64 %	23,07 %	0,8304 (8)	0,9205 (1)	0,9459
THY	21,17 %	27,06 %	0,6797 (20)	0,7527 (23)	0,9073
VEB	17,73 %	30,69 %	0,8684 (2)	0,8983 (4)	1,2283
VIA	20,67 %	33,71 %	0,8568 (4)	0,8106 (15)	1,2175
VOW	21,34 %	32,31 %	0,7866 (11)	0,8943 (5)	1,2873

Gültig: 17. April 1990; Quelle: Frankfurter Wertpapierbörse (ohne Gewähr)

Volatilität

Die Volatilität (Kursbeweglichkeit) ist einer der wichtigsten Bestimmungsfaktoren des Optionspreises bzw. des Aufgeldes. Je größer die Schwankungsbreite einer Aktie, desto höher ist die Wahrscheinlichkeit, daß eine Option innerhalb der Laufzeit an Wert gewinnt. Je höher die Volatilität eines Basiswertes ist, um so höhere Agios werden bewilligt. Entscheidend für die Optionsspekulation ist zwar die zukünftige Schwankungsbreite des Basiswertes, doch es wird davon ausgegangen, daß in der Vergangenheit sehr bzw. wenig volatile Titel auch in der Zukunft die größten bzw. kleinsten Kursschwankungen aufweisen werden.

In der Tabelle sehen Sie die Volatilitätkennziffern auf 30 und auf 250 Tage berechnet. Ein Jahr hat gut 250 Handelstage, die 250-Tage-Volatilität zeigt damit ziemlich genau die Schwankungsbreite des Basiswertes innerhalb der letzten 12 Monate. Die 30-Tage-Volatilität drückt die Beweglichkeit des Wertes innerhalb der letzten 6 Wochen aus. Dabei ist jedoch zu beachten, daß diese Kennzahl auf ein Jahr hochgerechnet wird. Die 30-Tage-Volatilität des DAX von 15.13 Prozent bedeutet also nicht, daß der Index innerhalb der letzten 30 Handelstage um 15,13 Prozent geschwankt hat. Der Index sollte sich vielmehr innerhalb der nächsten 12 Monate in dieser Bandbreite bewegen, sofern die Schwankungen der letzten 30 Tage beibehalten werden. Die Umrechnung auf Jahresbasis wird durchgeführt, um die beiden Kennzahlen miteinander vergleichen zu können. Die 30-Tage-Volatitität ist ein Spiegelbild dafür, ob der zugrundeliegende Basistitel "langsamer" oder "schneller" läuft als in den letzten 12 Monaten.

Die genauen Kennzahlen (Prozentzahlen) sind für die Betrachtung unerheblich. Interessant sind jedoch die Kennzahlenvergleiche der einzelnen Titel auch innerhalb einer Branche. Sind die Optionskennzahlen identisch, ist grundsätzlich der Titel für Long-Spekulationen zu bevorzugen, der die höchste Volatilität aufweist bzw. die Aktie mit der niedrigsten Volatilität für Short-Engagements.

Die Volatilitätskennziffer wird im übrigen in allen gängigen Optionspreismodellen, wie z.B. der Black-Scholes-Formel genutzt. Mathematisch genauer handelt es sich jedoch nicht um die Volatilität, sondern um die Standardabweichung eines Titels. Eine genauere Definition ist an dieser Stelle jedoch unangebracht.

Zur Black-Scholes-Formel kurz folgendes. Es wird mit der "historischen" Volatilität gearbeitet. Das Ergebnis der Black-Scholes-Formel ist der mathematisch gerechtfertigte Optionspreis. Dieser wird dem Marktpreis gegenübergestellt, um so Über- oder Unterbewertungen einzelner Optionstitel festzustellen.

Das Rechenmodell läßt sich jedoch auch umkehren. Es wird davon ausgegangen, daß der Marktpreis der mathematisch gerechtfertigte Preis sei. Die Rückrechnung ergibt die "zukünftige" Volatilität, die Marktteilnehmer dem Basiswert zubilligen. Diese Kennzahl ist ein Erwartungswert, man spricht von der "implied volatility". Wer mit einer geringeren/größeren Volatilität des Basiswertes in der Zukunft rechnet, kann anhand dieser erwarteten Schwankungsbreite eine Vielzahl von Optionsstrategien durchführen. Genauere Informationen jedoch auch hierzu im Nachfolgeband "DTB-Optionsstrategien" bzw. wöchentlich im "DTB-optionsbrief".

Korrelation

Ganz allgemein drückt der Korrelationskoeffizient aus, wie ein Titel auf die Veränderung eines anderen reagiert. Die höchste Korrelation untereinander haben auf dem deutschen Aktienmarkt beispielsweise die Farbenwerte Bayer, BASF und Hoechst. Die Dividenden sind i.d.R. gleich hoch, und die Gewinne je Aktie differieren nur unwesentlich. Wenn von politischer Seite beispielsweise weitreichendere Umweltschutzinvestitionen von der Chemiebranche gefordert würden, könnte sich mit größter Wahrscheinlichkeit keiner der drei Großchemie-Titel einer Kursreaktion nach unten entziehen. Wird dagegen eine der drei Aktien vom ausländischen Publikum "entdeckt", werden über kurz oder lang auch die beiden zurückgebliebenen Aktien im Kurs steigen.

Als Basis der Korrelationsberechnung gilt in o.a. Tabelle der DAX. Die Kennziffer wurde daher auf 1.0000 festgelegt. Je näher der Korrelationskoeffizient einer Aktie am Wert 1.000 liegt, desto mehr gleicht die Tendenz der Aktie der des DAX. Je niedriger die Korrelation einer Aktie zum DAX ist, desto unabhängiger bewegt sich der Titel zum Gesamtmarkt. Die Korrelation ist also eine Paralellitätskennziffer, sie sagt jedoch nichts über die Stärke der Kursbewegungen aus.

Die Korrelation ist daher eine wichtige Kennzahl zur Trendspekulation und damit zur Ausschaltung des unsystematischen Risikos. Die höchste Korrelation zum DAX weisen naturgemäß die absoluten Blue-Chips wie Daimler, Deutsche Bank und Siemens auf. Wer auf diese Titel spekuliert, kann nahezu sicher sein, im Markttrend zu liegen. Analog kann davon ausgegangen werden, daß die Kursentwicklung dieser Titel die Entwicklung des gesamten Aktienmarktes (DAX) stark beeinflusst. Hervorragende/katastrophale Geschäftsergebnisse der Drei werden mit großer Wahrscheinlichkeit den gesamten Markt nach oben/unten bewegen.

Steigen Daimler, Deutsche Bank und Siemens, steigt der DAX und analog, steigt der DAX, steigen auch die großen Drei.

Auch die Korrelationskennzahlen werden auf einen Zeitraum von 30 bzw. 250 Handelstagen berechnet. Der 30-Tages-Betrachtungszeitraum wird jedoch - im Gegensatz zur Volatilitätsberechnung - nicht auf ein Jahr umgerechnet. Innerhalb von 12 Monaten wird eine Aktie mehr schwanken, als in 6 Wochen. Da es sich um eine historische Betrachtung handelt, müssen die Ergebnisse der Volatilitätsrechnung auf die gleiche Basis gebracht werden. Es ist dagegen durchaus aussagekräftig, ob sich die Parallelität einer Aktie zum Basiswert in den letzten 30 Tagen im Vergleich zur langfristigen Betrachtung abgeschwächt oder gesteigert hat. Die niedrigste Korrelation haben die Aktien, die ein Eigenleben führen. Oftmals sind hierfür Übernahmesituationen verantwortlich. Feldmühle und Nixdorf haben z.B. einen Großaktionärswechsel hinter sich. Bei Continental mögen Aufkaufgerüchte nicht verstummen. Die Entwicklung dieser Aktien ist fast unabhängig von der des Gesamtmarktes.

Beta-Faktor

Der Beta-Faktor ist eine Beweglichkeitskennziffer. Er setzt die relativen Kursschwankungen einer Aktie (Volatilität) in Bezug zu den Kursschwankungen des Gesamtmarktes. Als Basis wird auch hier der DAX mit 1.0000 herangezogen. Ein Beta-Faktor von 1.0000 würde bedeuten, daß sich die Aktie im selben Maße wie der Index bewegen würde. Bei einem Beta von über 1 verändert sich die Aktie stärker als der Index, bei Werten unter 1 schwächer.

Ein Beta-Faktor von 1.5000 bedeutet, daß die Aktie um 15 Prozent steigt, wenn sich der DAX um 10 Prozent verbessert. Diese Kennziffer kann jedoch in beide Richtungen interpretiert werden, d.h. bei einem Rückgang des DAX um 10 Prozent dürfte dieser Titel um 15 Prozent nachgeben. Ein Beta von 0.8000 wiederum besagt, daß der Titel um 8 Prozent steigt/fällt wenn der Index um 10 Prozent steigt/fällt.

Die Mannesmann-Aktie hat z.Z. den höchsten Beta-Faktor unter allen DTB-Werten. Wer mit einem deutlichen Anstieg/ Rückgang des DAX rechnet, sollte mit Engagements in Call/ Puts auf Mannesmann grundsätzlich überdurchschnittliche Ergebnisse erzielen. Die Farben haben dagegen einen weit unterdurchschnittlichen Beta-Faktor. Sie kommen für Long-Engagements fast überhaupt nicht in Betracht.

Aufgrund ihrer Partizipation an der Entwicklung des DAX sollten Titel mit einem hohen Beta-Faktor für Long-Positionen herangezogen werden. Für Short-Positionen sollten jedoch grundsätzlich Titel mit einem niedrigen Beta-Faktor bevorzugt werden.

Put/Call-Indikator

Zum Schluß soll noch einer der wichtigsten Stimmungsindikatoren für den Aktienmarkt vorgestellt werden - der Put/Call-Indikator.

Die "contrary-opinion-Theorie" besagt, daß die Wahrscheinlichkeit von Kurssteigerungen von der Zahl der Aktien-Pessimisten abhängt. Die Optimisten halten bereits Aktien; für weitere Kurssteigerungen sind neue Aktienkäufer notwendig. Die Aktienkäufer und damit Kurstreiber von morgen können nur die Pessimisten von heute sein. Nur deren Meinung kann sich noch - kurssteigernd - zum Positiven wenden. Je mehr Optimisten es für die Börse gibt, desto geringer ist das weitere Kurssteigerungspotential, da die Zahl der zukünftigen Aktienkäufer immer kleiner wird.

Einfach ausgedrückt: Setzen alle Marktteilnehmer auf steigende Aktienkurse, m ü s s e n die Kurse wieder fallen. Rechnet niemand mehr mit steigenden Kursen, m ü s s e n die Aktien wieder steigen. Doch wie mißt man diese Verhältnisse? Ein lange Zeit ansteigender Aktienmarkt bedeutet grundsätzlich nicht, daß die Zahl der Optimisten zu groß sei. Auch der Crash im Oktober 87 war kein Zeichen dafür, daß die Zahl der Pessimisten plötzlich zu stark gestiegen war, es also nur noch aufwärts gehen konnte. Bekanntlich erreichte der deutsche Aktienmarkt seinen Tiefpunkt erst im Januar 1988.

Eine recht aussagekräftige Indikation für die herrschende Stimmung am Aktienmarkt liefert die Interpretation der Umsätze an der Terminbörse. Wenngleich die Aktienbörse der Realität immer einen Schritt voraus eilt, d.h. Ereignisse der Zukunft bereits in den Kursen von heute eskompetiert, so schaut die Terminbörse bereits zwei Schritte voraus. Wer eine Aktie kauft, erwirbt eine Unternehmensbeteiligung; wer eine Option erwirbt, rechnet damit, daß sich der Wert dieser Beteiligung innerhalb eines bestimmten Zeitraumes deutlich in die eine oder andere Richtung verändert.

Wie o.a., ist aus der Entwicklung des Aktienmarktes alleine noch kein Rückschluß zulässig, ob der Markt überkauft oder überverkauft ist. Es kommt vielmehr auf die Zahl der Optimisten bzw. Pessimisten an. Ein Blick auf die Aufschlüsselung der Optionsumsätze läßt einen sofortigen Rückschluß auf die Stärke dieser beiden Gruppen zu. Je euphorischer die Marktteilnehmer sind, desto mehr Calls werden gehandelt, je pessimistischer sie sind, desto mehr Puts. Grundsätzlich ist die Börse fast immer optimistisch, d.h. daß für gewöhnlich die Optionsumsätze der Calls deutlich überwiegen. Doch Über- bzw Untertreibungsphasen der Börse kristallisieren sich hervorragend heraus. Liegt die Zahl der Optimisten (Call-Käufer) einige Tage über der Marke von 90 Prozent ist die Börse eindeutig zu euphorisch. Bei einem Pessimistenanteil (Put-Käufer) von nur 10 Prozent oder weniger sind weitere Kurssteigerungen kaum noch möglich. Zu pessimistisch ist die Stimmung dagegen, wenn der Umsatzanteil der Puts um die Marke von 30 Prozent oder darunter pendelt. Dies wäre ein eindeutiges Kaufsignal.

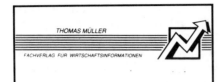

**Deutsche Terminbörse
DTB - Futures - Trading**

Deutsch Terminbörse
DTB Futures - Trading
Erscheinungstermin
Oktober 1990.
Grundlagen und Strategien
im Futurehandel an der
DTB.

Deutsche Terminbörse
DTB - Optionsstrategien
Erscheinungstermin
September 1990.
Anwendung und Durch-
führung von Options-
strategien an der DTB.

**Deutsche Terminbörse
DTB - Optionsstrategien**

Kapitel VII

steuerliches

Ertragssteuerliches

Exkurs von Richard Bellin und Stefan Loipfinger

Unsere folgenden Ausführungen bitten wir als Kommentar zum Steuerrecht zu betrachten.

Aufhänger für die Beurteilung der Einkommensteuer- bzw. Körperschaftsteuerpflicht ist die Zugehörigkeit eines Wertpapieres bzw. der Option zum Privat- bzw. Betriebsvermögen. Es ist also zu prüfen, ob die Gewinne/Verluste der privaten Vermögenssphäre des Kunden oder seinem Betrieb zuzurechnen sind.

Die Einkünfte von natürlichen bzw. juristischen Personen unterliegen einer Ertragssteuer. Vermögensänderungen des Privatvermögens stellen keine Einkünfte dar und unterliegen damit zunächst keiner Besteuerung; sie sind also grundsätzlich steuerfrei.

Um hier aber Steuereinbußen entgegenzuwirken, hat der Gesetzgeber das Instrument der Besteuerung von Spekulationsgewinnen auch für Privatanleger geschaffen. Während eine Unternehmung alle Gewinne und auch Verluste eines Wertpapiergeschäftes im Rahmen seiner betrieblichen Erfolgsermittlung berücksichtigen kann bzw. muß, unterliegen Spekulationsgewinne innerhalb des Privatvermögens der Einkommensteuer, soweit sie die Freigrenze von 1000 DM pro Kalenderjahr übersteigen. Verluste aus privaten Spekulationsgeschäften sind hingegen nur insoweit abzugsfähig, als sie mit Gewinnen verrechnet werden können.

Die steuerrechtlich korrekte Handhabung von Privatspekulationen ist kompliziert, auch die Finanzämter, die in der Praxis recht selten mit dieser Problematik konfrontiert sind, tun sich daher ungewöhnlich schwer. Die Finanzbehörden sind somit auf Ihre gewissenhafte und zutreffende Steuererklärung angewiesen. Bemerkenswert ist in diesem Zusammenhang auch die Tatsache, daß das Finanzamt nach dem Erlaß der Abgabenordnung 1977 nur auf begründetem Einzelverdacht die Offenlegung der Konten bei einer Bank in der Bundesrepublik verlangen kann. Dies wird jedoch in der Praxis selten vollzogen.

Von Ihren eigenen Börsenengagements wissen Sie, wie umfangreich und vielfältig eine genaue Spekulationsgewinnermittlung sein kann. Bei den Engagements an der DTB ist dies leider noch um einiges komplizierter. Selbst Ihr Steuerberater wird Schwierigkeiten haben, aufgrund Ihrer vorgelegten Unterlagen den zutreffenden Spekulationsgewinn zu ermitteln. Auch er wird bei Freigrenze, Kauf u. Verkauf mit gestaffelten Limiten, Spekulationsfrist, Entnahme/Einlage ins Betriebsvermögen, Werbungskosten usw. oft vor erheblichen Problemen stehen. Auch der Finanzbeamte, der mit dem Bereich Börse und insbesondere DTB selten in Berührung kommt, wird hier auf seine Grenzen stoßen.

Daher ist es vorrangig Ihre Aufgabe, Ihren Spekulationsgewinn zutreffend zu ermitteln. Es ist ferner Ihre Pflicht, diesen Gewinn dem Finanzamt zutreffend und vollständig zu erklären. Nachdrücklich darf ich in diesem Zusammenhang darauf hinweisen, daß es sich bei einer Steuerhinterziehung bekanntlich nicht um ein Kavaliersdelikt handelt, und diese oft hart bestraft wird.

Im einzelnen gelten für den Privatanleger folgende Bestimmungen:

Spekulationsfrist

Veräußerungsgewinne, die im Rahmen von Spekulationsgeschäften erzielt werden, unterliegen nur insofern der Einkommensteuer, als sie innerhalb der Spekulationsfrist von einem halben Jahr erzielt werden. Dabei vertreten die Finanzverwaltungen die Ansicht, daß die zuletzt gekauften Wertpapiere als zuerst verkauft gelten.

Die an der DTB gehandelten Optionen haben momentan eine Laufzeit von längstens 6 Monaten. Die daraus resultierenden Gewinne fallen also unter die Spekulationsfrist. Es bestehen Überlegungen, auch 9-Monats-Optionen einzuführen. Sollte dies geschehen, dürften die Gewinne aus diesen Optionen, sofern sie nach der Sechsmonatsfrist realisiert werden, steuerfrei sein. Es ist jedoch nicht ausgeschlossen, daß der Gesetzgeber Sonderregelungen einführt, auch diese Gewinne der Einkommensteuer zu unterwerfen.

Gewinn und Verlust

Der Erfolg eines jeden einzelnen Geschäftes errechnet sich aus der Differenz zwischen dem Veräußerungserlös und den Anschaffungskosten. Hier können Verluste eines Kalenderjahres bis zur Höhe der Gewinne aufgerechnet werden (eingeschränkter Verlustausgleich). Bei der Zusammenveranlagung von Ehegatten werden die Gewinne getrennt ermittelt.

Freigrenze

Die Summe aller Spekulationsgeschäfte (hier werden auch Ihre anderen Spekulationen berücksichtigt, z.B. Grundstücksspekulationen) bleibt steuerfrei, soweit Sie 1000 DM je Kalenderjahr nicht erreicht. Nach Überschreiten dieser Grenze sind die Spekulationsgewinne in vollem Umfang der Einkommensteuer zu unterwerfen. Bei Ehegatten steht die Freigrenze jedem Ehegatten zu.

Zeitpunkt der Versteuerung

Der Saldo der Spekulationsgeschäfte wird im Jahr der Realisierung in Ansatz gebracht. Entscheidend ist hierbei der Gutschriftstag auf Ihrem Bankkonto.

Werbungskosten

Sie stellen allgemein bei den Überschußeinkünften - und zu diesen zählen sowohl Spekulationsgewinne als auch Einkünfte aus Kapitalvermögen - Kosten des Erwerbes, der Sicherung und der Erhaltung der Einnahmen dar. Hierunter fallen beispielsweise Depotgebühren, Kontoführungsgebühren sowie die Aufwendungen für einschlägige (auch periodische!) Fachliteratur.

Optionsgeschäfte im einzelnen

Die o.g. Grundsätze dürfen somit auf das Optionsgeschäft an der DTB übertragen werden.

Kauf eines Calls

- Bei der Ausübung der Option wird der gezahlte Optionspreis zu den Anschaffungskosten der Aktie addiert. Die Spekulationsfrist läuft erst mit dem Erwerb der Aktien an.

- Der Verfall einer Kaufoption stellt vergebliche Anschaffungskosten dar. Sie können diese Kosten spekulationsgewinnmindernd ansetzen.

- Wird die Kaufoption innerhalb von 6 Monaten weiterverkauft, gelten die Grundsätze der Besteuerung von Spekulationsgewinnen.

Kauf eines Puts

- Bei der Ausübung der Option schmälert der gezahlte Optionspreis den Verkaufserlös der Aktien. Es ist für die Steuerpflicht entscheidend, ob die betreffenden Aktien zum Zeitpunkt der Ausübung der Option bereits länger als 6 Monate (Spekulationsfrist) im Depot waren.

- Der Verfall einer Verkaufsoption wirkt sich spekulationsgewinnmindernd aus.

- Wird die Verkaufsoption innerhalb von 6 Monaten weiterverkauft, gelten wiederum die Grundsätze der Versteuerung von Spekulationsgewinnen.

Stillhalterengagements

- Bei Verfall der Option ist die erhaltene Optionsprämie des Stillhalters als sonstige Einkunft anzusehen (Einkunft gem. 22 Nr. 3 EStG). Diese Vorschrift sieht eine Freigrenze von 500 DM vor.

- Bei Glattstellung (closing) können die Aufwendungen nicht mit der vorher erhaltenen Optionsprämie verrechnet werden. Dies ist der Fall, weil die erhaltenen Optionsprämien nach 22 Nr. 3 EStG als Einkunft anzusetzen sind, die gezahlten Optionsprämien für das closing jedoch den Grundsätzen der Spekulationsgewinnermittlung nach 23 EStG unterliegen. Dies wirkt sich dann zum Nachteil des Spekulanten aus, wenn den Kosten für das closing kein anderweitig erzielter Spekulationsgewinn gegenübersteht. Der erhaltenen Optionsprämie stehen somit keine aufrechenbaren Verluste entgegen, da Spekulationsverluste nicht in Ansatz gebracht werden können.

- Bei der Ausübung durch den Käufer des Calls oder des Puts kann u.U. für den Stillhalter ein einkommensteuerlich relevantes Spekulationsgeschäft nach 23 EStG anfallen. Der Stillhalter hat aber in diesem Fall durch die oben dargestellte unterschiedliche steuerliche Einordnung keine Möglichkeit der Aufrechnung der Gewinne und Verluste aus beiden Transaktionen.

Zusammenfassend sei noch darauf hingewiesen, daß o.g. Ausführungen noch nicht alle eindeutig geregelt sind. Sie müssen aus der Grundsystematik der Einkommensteuer abgeleitet werden. Ferner wurde die noch aus der Zeit des Optionsmarktes gültigen Rechtsprechung auf die DTB übertragen.

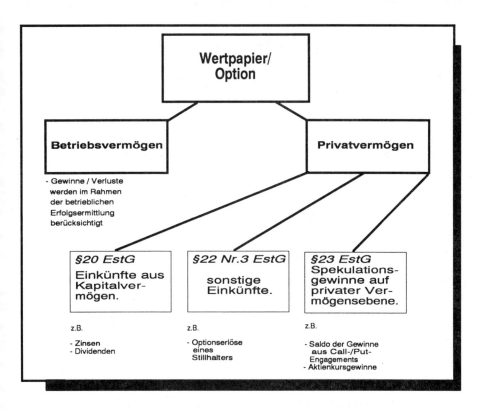

THOMAS MÜLLER FACHVERLAG FÜR WIRTSCHAFTSINFORMATIONEN

TM-BÖRSENTELEGRAMM

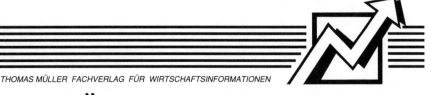

KAPITALBRIEF FÜR BÖRSENTRANSAKTIONEN IN DEUTSCHLAND

- Der etwas modernere Börsendienst-

wöchentlich auf 8 Seiten

- Konkrete Kauf- und Verkaufsempfehlungen für den Aktienmarkt!

- Dispositionen in Optionsscheinen und Covered Warrants!

- Spekulationen auf Zinsen, Währungen und Indices!

- treffsichere markt- und charttechnische Analysen!

- Dividenden- und Bezugsrechtsspekulationen!

kompetent - seriös - erfolgreich!

RUFEN SIE EIN GRATISEXEMPLAR BEIM VERLAG AB

Kapitel VIII

organisatoriches

Organisationsstruktur

Alle Börsen in Deutschland sind Anstalten des öffentlichen Rechts, auch die DTB. Die Börsen sind unselbständig und bedürfen eines Trägers. Träger der Präsenzbörsen (=Aktienbörsen) sind eingetragene Vereine bzw. die Industrie- und Handelskammern in Frankfurt und Berlin. Trägerin der Deutschen Terminbörse ist die im Mai 1988 gegründete Deutsche Terminbörse GmbH. Die ungewöhnliche Rechtsform wurde gewählt, weil die Trägerin noch weitere Funktionen, insbesondere das Clearing für ihre Mitglieder wahrnimmt. Die Gesellschaft wurde mit einem Stammkapital von 10 Millionen DM ausgestattet. Gründungsgesellschafter sind 17 deutsche Kreditinstitute (siehe Anhang). Der Gesellschaftszweck der Deutschen Terminbörse GmbH ist der "Betrieb einer vollcomputerisierten Terminbörse für Traded Options und Financial Futures mit integrierter Clearing-Organisation".

Die DTB ist keine "Präsenzbörse", d.h. es gibt kein Börsenparkett, auf dem die Händler Kauf- und Verkaufsaufträge austauschen. Der Handel findet auf reiner Computerbasis statt. Aufträge und Angebote werden in das System eingegeben, gegeneinander abgeglichen und vom Computer automatisch ausgeführt. Die DTB versteht sich damit als Computerbörse mit einem "überregionalen" Börsenparkett. Ein großer Vorteil des Handels auf Computerbasis ist die hohe Markttransparenz. Dem Handelsbildschirm können alle marktrelevanten Daten entnommen werden (siehe Anhang).

Eine Neuerung für den Finanzplatz Deutschland ist die Einführung eines Market Maker-Systems. Market Maker sind Händler, die die Verpflichtung eingehen, zu jedem Zeitpunkt während der Handelszeit verbindliche Kauf- und Verkaufskurse zu stellen. Die Differenz der beiden Kurse (Spread) ist der Verdienst der Market Maker. Ein Market Maker betreut eine oder mehrere Optionsklassen (z.B. nur Bayer-Optionen). Für jeden Kontrakt sollen mindestens drei Market Maker zuständig sein, um Monopolpreisbildungen zu verhindern. Während am alten Optionsmarkt die Optionsspekulanten wegen fehlender Nachfrage ihre Kontrakte oft nicht mehr verkaufen konnten, ermöglichen es die Market Maker an der DTB, daß die Engagements zu jedem Zeitpunkt wieder glattgestellt werden können.

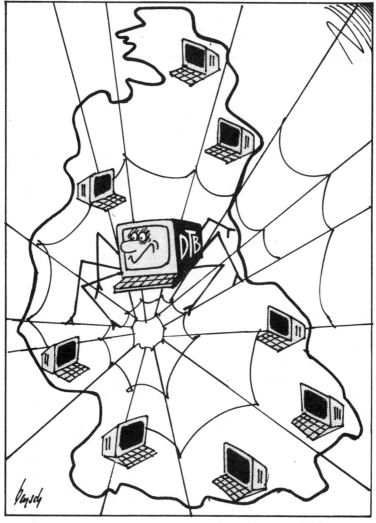

Börse ist überall HANDELSBLATT: Bensch

Eine bedeutende Rolle an der DTB kommt der Clearing-Stelle zu. Die Clearing-Stelle ist Kontraktpartner bei jedem Optionsgeschäft, sie steht zwischen Käufern und Verkäufern. Sie ist Garant für die Erfüllung und Abwicklung aller Geschäfte. Rechtlich gesehen sind nicht die Börsenteilnehmer, sondern nur die Clearing-Mitglieder Vertragspartner jedes abgeschlossenen Börsentermingeschäfts. Um mögliche Ausfälle abzudecken, haben Clearing-Mitglieder Garantien (Margins) bei der Clearing-Stelle zu hinterlegen. Die Margins werden täglich neu berechnet und über das Garantiekonto, das jedes Clearing-Mitglied unterhalten muß, abgerechnet.

Die Geldabwicklungsstelle hat die Aufgabe, alle Geldverrechnungen zwischen der Depotstelle der Clearing-Stelle und den Clearing-Mitglieder vorzunehmen. Verrechnet werden Prämien, Margins, Gebühren sowie Gegenwerte für Wertpapierlieferungen und die durch Barausgleich zu erfüllenden Kontrakte. Geldverrechnungsstelle der DTB ist die Landeszentralbank in Frankfurt.

Die Depotstelle hat die Aufgabe alle Wertpapierlieferungen zwischen der Clearing-Stelle und den Clearing-Mitgliedern durchzuführen. Es handelt sich dabei um die Hinterlegung und Freigabe der Wertpapieren, die als Margins dienen, sowie um Wertpapierlieferungen bei Ausübung von Optionen. Als Depotstelle fungiert der Frankfurter Kassenverein. Die folgende Grafik zeigt die Börsenteilnehmer und ihre Verbindung zueinander.

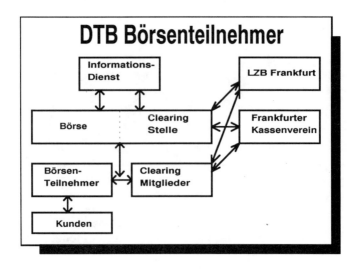

Die Aufgaben der Clearing-Stelle sind im einzelnen:

- Erfassung aller Abschlüsse sobald ein Optionsgeschäft zustande gekommen ist.

- Sofortige Verbuchung aller Prämien und Gebühren.

- Berichtigung von Geschäften und Positionen nach Wunsch des Mitgliedes

- Neubewertung von Positionen und Berechnungen der Margins.

- Abwicklung der Optionsausübungen, wobei der Stillhalter jeweils ausgelost wird.

- Ausführung und Überwachung der Wertpapierlieferung bzw. Zahlungen aufgrund der Ausübung bzw. Zuteilung.

- Bereitstellung aktualisierter Informationen über Positionen des Mitglieds.

- Abwicklungen von Zahlungen bzw. Wertpapierlieferungen im Zusammenhang mit der Anforderung und Freigabe von Einschüssen.

Entsprechend Ihrer Funktion und Ihres Eigenkapitals wird zwischen zwei Arten von Clearing-Mitgliedern unterschieden:

- General-Clearing-Mitglieder (GCM): Ein GCM kann eigene Geschäfte, die seiner Kunden und die von Nicht-Clearing-Mitgliedern abwickeln. GCMs müssen über ein Eigenkapital von 250 Mill. DM verfügen und Bankgarantien i.H.v. 10 Mio. DM zur Verfügung stellen.

- Direkt-Clearing-Mitglieder (DCM): Ein DCM darf eigene Geschäfte und die seiner Kunden abwickeln. Es ist ihm jedoch verboten, Geschäfte für Nicht-Clearing-Mitglieder durchzuführen. Die Nicht-Clearing-Mitglieder müssen ihre Geschäfte daher über GCMs abwickeln. DCMs müssen ein haftendes Eigenkapital von lediglich 25 Mill. DM nachweisen und 2 Mill. DM Bankgarantien als Sicherheit stellen.

Clearing-Mitglieder dürfen nur Banken sein, die dem Kreditwesengesetz unterliegen. Daneben wird in den Richtlinien verlangt, daß alle notwendigen technischen Einrichtungen zur Anbindung an das DTB geschaffen werden, sowie Konten bei der Hessischen Landeszentralbank und ein Depot beim Frankfurter Kassenverein eingerichtet werden.

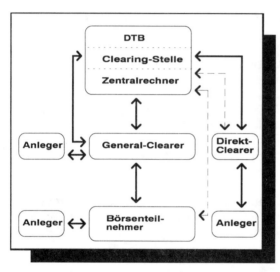

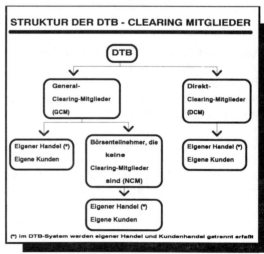

Anhang

Gesellschafter der Deutschen Terminbörse GmbH

Bankhaus Merck, Finck & Co.

Bankhaus B. Metzler Seel & Co.

Bankhaus M.M. Warburg, Brinckmann, Wirtz & Co.

Bayerische Hypotheken - und Wechsel - Bank AG

Bayerische Vereinsbank AG

Berliner Bank AG

BHF - Bank

Commerzbank AG

Delbrück & Co., Privatbankiers

Deutsche Bank AG

DG - Bank, Deutsche Genossenschaftsbank

Deutsche Girozentrale - Deutsche Kommunalbank

Dresdner Bank AG

Georg Hauck & Sohn Bankiers KGaA

Sal. Oppenheim jr. & Cie, Privatbankiers

Trinkaus & Burkardt KGaA

Vereins- und Westbank AG

Glossar

Abgeld
Eine Option wird mit einem Abgeld (Disagio) gehandelt, wenn der Optionspreis niedriger ist als der innere Wert der Option.

Agio
Prozentsatz, um den der Kauf bzw. Verkauf der zu Grunde liegenden Aktie via Option teurer ist, als der Direktkauf oder -verkauf der Aktie. Auch "Aufgeld", "Zeitwert" oder "Prämie" genannt.

Amerikanische Option
Eine Option, die jederzeit während der Laufzeit ausgeübt werden kann. Gegenteil: "Europäische Option".

Andienung
Die Aufforderungen an den Stillhalter, seine Verpflichtung zu erfüllen, d.h. die Aktien zu verkaufen (Stillhalter in Calls) oder zu kaufen (Stillhalter in Puts).

Ask-Price
Kurs, zu dem Verkaufsangebote im Markt liegen. Auch "Briefkurs" genannt.

At-the-money
Die Option, deren Basispreis am nähesten zum aktuellen Aktienkurs steht

Ausübung
Der Optionskäufer nimmt sein Wahlrecht in Anspruch, d.h. er kauft die Wertpapiere (Call) bzw. verkauft (Put) vom/an den Stillhalter.

Ausübungspreis
siehe Basispreis

Back office
Abteilung, in der die technische Bearbeitung der Börsenaufträge erfolgt.

Barausgleich
Abrechnungsmethode, bei der keine Lieferung des Basiswertes stattfindet. Stattdessen wird die Differenz zwischen dem aktuellen Marktpreis und dem vereinbarten Basispreis - also der innere Wert der Option - abgerechnet. Auch "Barabrechnung" oder "cash settlement" genannt.

Basispreis
Ausübungspreis einer Option, d.h. der Kurs, zu dem eine Aktie gekauft bzw. verkauft werden kann. Auch "Bezugspreis" oder "strike-price" genannt.

Basiswert
Titel, auf den sich die Option bezieht. Auch "Basistitel" oder "underlying instrument" genannt.

Beta-Faktor
Maßzahl, die die relativen Kursschwankungen einer einzelnen Aktie gegenüber dem Gesamtmarkt (DAX) ausdrückt. Ein Beta von 1 bedeutet, daß sich die Aktie genauso stark bewegt, wie der gesamte Markt. Ein Beta von 1,5 bedeutet, daß die Aktie bei einem Anstieg/Rückgang des Marktes von 10% um 15% steigt/ fällt.

Bearish
Erwartungshaltung eines Anlegers, der mit fallenden Kursen rechnet.

Bid-Price
Kurs, zu dem Kaufangebote im Markt liegen. Auch "Geldkurs" genannt.

Black-Scholes-Modell
Bekanntestes mathematisches Verfahren zur Berechnung des realistischen Wertes einer Option.

Bullish
Erwartungshaltung eines Anlegers, der mit steigenden Kursen rechnet.

Call
Englisches Wort für Kaufoption

Clearing-Haus
Verrechnungsstelle und Garant für die an der Terminbörse abgeschlossenen Geschäfte. Auch "Clearing-Stelle" genannt.

Covered Call
Der Stillhalter besitzt den veroptionierten Basiswert, auch "gedeckte Option" genannt.

DTB
Deutsche Terminbörse

Einschuß
Sicherheitsleistung für ein Stillhaltergeschäft, die bei der Bank hinterlegt wird. Auch "Margin" genannt.

Europäische Option
Option, die nur an einem bestimmten Tag, i.d.R. dem Verfalltermin ausgeübt werden kann. Gegenteil: "Amerikanische Option"

Fälligkeitstag
Letzer Handels- bzw. Ausübungstag

Future
Auch Terminkontrakt genannt, ähnlich der Option. Es gehen jedoch sowohl Käufer wie Verkäufer eine Verpflichtung ein.

Glattstellen
Ausgleich einer offenen Position, durch Rückkauf der verkauften Optionen bzw. Verkauf der gekauften Optionen. Auch "closing" genannt.

Haussier
Anleger, der mit deutlich steigenden Kursen rechnet.

Hebel
Ausdruck für den Effekt, um wieviel die prozentuale Veränderung der Option größer ist, als die des entsprechenden Basiswertes. Auch "leverage" genannt.

Hedgen
Absicherungstransaktion gegen Kursschwankungen.

Innerer Wert
Die Differenz, um die der Aktienkurs über dem Basispreis des Calls bzw. unter dem Basispreis des Puts liegt.

"in-the-money"
Eine Option mit einem "inneren Wert", d.h. die Aktie notiert über dem Basispreis der Option (Call) bzw. unter dem Basispreis (Put).

initial margin
Sicherheitsleistung, die bei der Begründung eines Stillhaltergeschäftes hinterlegt werden muß.

Kaufoption
Eine Option, die dem Käufer das Recht einräumt, innerhalb eines bestimmten Zeitraumes eine Aktie zu einem vorher festgelegten Preis kaufen zu dürfen. Auch "Call" genannt.

Klasse
Alle Calls und Puts, die auf eine bestimmte Aktie gehandelt werden.

Long
Kauf eines Calls oder Puts.

Margin
Siehe Einschuß.

Market Maker
Börsenmitglied, das für die Optionen eines oder mehrerer Basiswerte auf Anfrage verbindliche An- und Verkaufskurse stellt.

"open-interest"
Die Zahl der in einer Optionserie noch nicht durch Gegengeschäfte glattgestellten Optionskontrakte, also die Summe aller opening-Transaktionen.

Option
Eine Option beinhaltet das Recht, (nicht die Verpflichtung!) den Basiswert innerhalb eines vorher festgelegten Zeitraumes zu einem bestimmten Preis kaufen oder verkaufen zu dürfen.

Optionsklasse
Alle Optionen, die sich auf den gleichen Basistitel beziehen.

Optionsserie
Optionen auf den gleichen Basiswert mit gleichem Verfalldatum, jedoch unterschiedlichen Basispreisen.

Optionsfrist
Siehe Verfalltermin.

Optionsprämie
Siehe Agio.

"out-of-the-money"
Eine Option ohne "inneren" Wert, d.h. die Aktie notiert unter dem Basispreis der Option (Call), bzw. über den Basispreis (Put).

Positionslimit
Höchstzahl von Optionskontrakten eines Basiswertes, die von einem Marktteilnehmer gehalten werden darf.

Put
Englisches Wort für Verkaufsoption.

Short
Verkauf eines Calls oder Puts.

Stillhalter
Der Stillhalter verpflichtet sich, bis zum Ende der Optionslaufzeit eine Aktie zu einem bestimmten Kurs zu verkaufen (Call), bzw. zu kaufen (Put). Auch "Schreiber" genannt.

Quote
Kurs

Settlement-Preis
Der von der Clearing-Stelle ermittelte Preis zur Berechnung der Margins.

Variation Margin
Aufforderung der Bank, die Sicherheitsleistung zu erhöhen. Auch "margin call" genannt.

Volatilität
Schwankungsbereich einer Aktie. Die "historischer Volatilität" beruht auf einer Berechnung der Kursschwankungen in der Vergangenheit. Die "implied volatility" (erwartete Volatilität) basiert auf den zukünftig erwarteten Schwankungsbereich und wird von den Marktteilnehmern geschätzt.

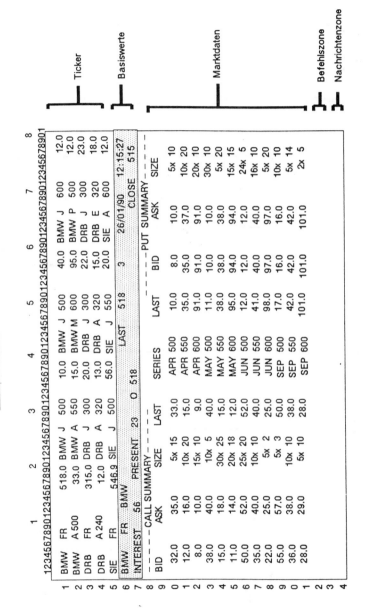

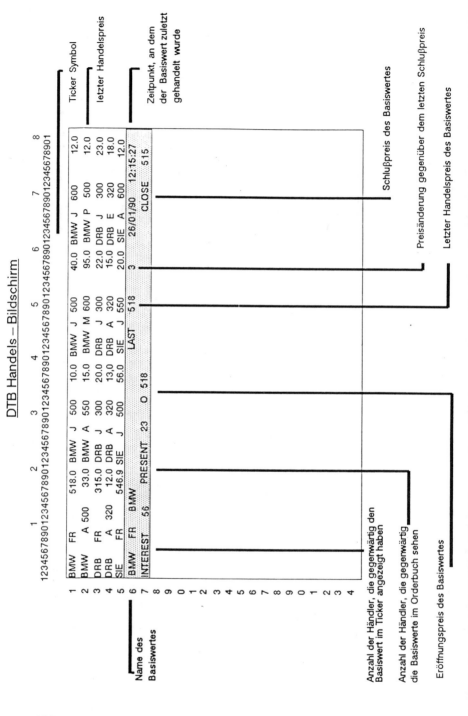

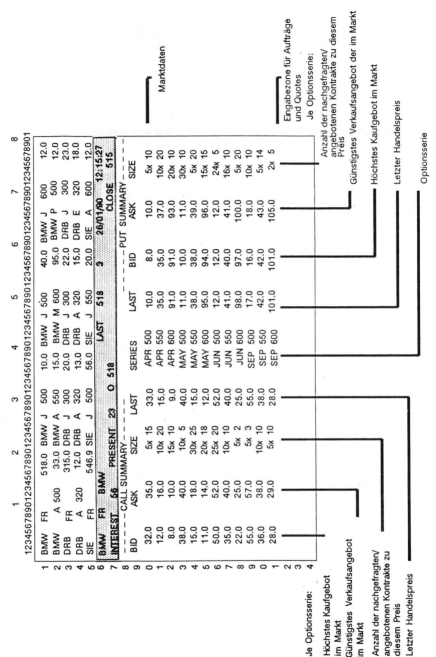

Literaturverzeichnis

Abel Ulrich, Bergmann Hartmut, Boing Georg
Optionen. Die Bewertung und Analyse von Optionen und Optionsscheinen mit dem IBM-PC und Kompatiblen
Neuss 1987

dito
Optionen. Die neue Dimension im Wertpapiergeschäft
Neuss 1986

von Arnim Rainer
Die Waren-Termin-Anlage
Darmstadt 1979

Bilitza Karl-Heinz
Erfolgreich spekulieren mit Aktien- und Rentenoptionen
Landsberg a. Lech 1987

Braunsberger Gerald, Knipp Thomas
Die Deutsche Terminbörse
Frankfurt a. Main 1989

Bookstaber Richard M.
Option Pricing and Investment Strategies
Chicago 1987

Bundesministerium der Finanzen
Einkommensteuergesetz, -richtlinien, -durchführungsverordnung
Bonn 1987

CBOE
Characteristic and Risks of standardized Options
Pittsburgh 1986

Clasing Henry jr.
The Dow Jones Irwing Guide to Put and Call Option
Illinois/Homewood 1978

Dodd Mikel T.
Trading Stock Index Options - The investors self teaching seminar
Chicago 1988

DTB-GmbH
Aktienoptionen
Frankfurt a. Main 1990

Ebneter Antoinette
Strategien mit Aktienoptionen zur Ertragssteigerung und Risikobegrenzung
Frankfurt a. Main 1987

Fabozzi Frank J., Zarb Frank G
Handbook of Financial Markets, Securities, Options and Futures
Illinois/Homewood 1986

Franke, Hidding, Padberg
Per Termin in die Kasse
Frankfurt a. Main 1989

Göppl Hermann, Bühler Wolfgang, von Rosen Rüdiger
Optionen und Futures
Frankfurt a. Main 1990

Krause Holger
Wege zum Börsenerfolg. Aktien, Anleihen, Optionen
Niedernhausen 1987

Lefèvre Edwin
Reminiscences of a Stock Operator
Vermont 1923/1986

Lingner Ulrich
Optionen. Anlagestrategien und Märkte
Wiesbaden 1987

Luskin Donald L.
Index Options Futures - The complete Guide
Chicago 1987

Mains N.E.
Financial Futures and Options
Chicago 1986

Mc. Millan Lawrence C.
Options as a strategic investment
New York 1986

Medomsley Jack
Opportunities for the small investor
Durham 1978

Mesler Donald T.
Stock Index Options - Powerful New Tools for Investing.
Hedging and Speculating
Chicago 1985

Müller Thomas
Der deutsche Optionsmarkt
Rosenheim 1989

Müller-Möhl Ernst
Optionen
Stuttgart 1989

Natenberg Sheldom
Option Volatility and Pricing strategies - Anvanced Trading - Techniques for Frofessionals
Chicago 1988

Nix William, Nix Susan
Stock Index Futures and Options
Illinois/Homewood 1984

Pitts M.
The Pricing of Options on Debt Securities, The Journal of Portfolio Management
Winter 1987

Schätzle Rainer
Börse professionell. Die optimalen Strategien für Hausse und Baisse
Düsseldorf 1988

Schwager J. D. A.
Complete Guide to the Futures Markets: Fundamental
Analysis,Technical Analysis, Trading, Spreading, Options
1988

Smith Courtney
Option Strategies
New York 1987

SOFFEX
The Money Market
Illinois 1983

Steward Josef T.
Dynamik Stock Options Trading
New York 1981

The Stock Exchange
Information and Press Department: Introductions to Option
trading
London 1987

Thomset Michael T.
Getting started in Options
New York 1989

Weisweiler R.
Opportunities and techniques in the financial and commodity
markets
Cambridge 1987

Welcker Johannes, Kloy Jörg W.
Professionelles Optionsgeschäft - Alles über Optionen auf
Aktien, Renten, Devisen, Waren, Terminkontrakte
Zürich 1988

Yates James
The Options Strategy Spectrum
Illinois/Homewood 1987

Schlußwort

Verehrter Leser, ich hoffe, Ihnen so manches Licht ins Dunkel der Optionsspekulation gebracht zu haben. Sie sind nun mit dem Basiswissen ausgestattet, daß zur erfolgreichen Optionsspekulation ein unbedingtes Muß sein sollte.

Mancher Schleier wurde gelüftet, mancher vielleicht auch erzeugt. Das Themengebiet "DTB" ist so umfangreich, daß ein tieferer Einstieg in die Materie den Rahmen dieses Buches sprengen würde.

Wenn Sie an der DTB über die vier Grundgeschäftsarten hinausgehen möchten, empfehle ich Ihnen den Nachfolgeband "Deutsche Terminbörse DTB-Optionsstrategien". Hier werden alle gängigen Optionsstrategien detailliert erläutert und in praxisbezogenen Beispielen zur Anwendung gebracht. Via Butterfly, Straddle oder Spread, durch die Kombination mehrerer Optionen, können Sie die Optionsspekulation exakt Ihren Kurs-Erwartungen anpassen. Daneben werden die zur Optionsanalyse notwendigen Kennzahlen wie Delta, Gamma, Theta etc. detailliert erläutert. Im großen Umfang werden auch Hedging-Transaktionen behandelt, mit denen sich bestehende Aktiendepots gegen Kursverluste absichern lassen.

Im September wird an der DTB erstmals der Future-Handel aufgenommen. Futures sind noch eine Stufe "heißer", als Optionen, d.h. hier kann in kürzerer Zeit noch mehr Geld gewonnen, aber auch verloren werden. Interessenten empfehle ich den Band "Deutsche Terminbörse DTB-Future-Trading". Hier werden Grundlagen des Futurehandels sowie konkrete Vorgehensvorschläge detailliert erläutert.

Wer einmal an den Terminmärkten engagiert war, wird sein Leben lang von der Möglichkeit fasziniert sein, mit kleinem Einsatz große Gewinne zu erzielen. Doch so attraktiv die Terminmärkte sind, so kompliziert sind sie auch. Auch der ausgesprochene DTB-Trader muß die Bereitschaft mitbringen, ständig dazuzulernen.

Wer sich für konkrete DTB-Empfehlungen sowie für Optionen in Futures interessiert, dem möchte ich den wöchentlich erscheinenden "DTB-optionsbrief" empfehlen. Rufen Sie ganz unverbindlich ein aktuelles Probeexemplar in unserem Verlag ab, und Sie wissen, was an der DTB Sache ist!

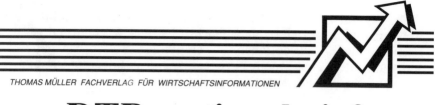

THOMAS MÜLLER FACHVERLAG FÜR WIRTSCHAFTSINFORMATIONEN

DTB-optionsbrief

Der führende Börsendienst für Optionsspekulationen in Deutschland

- Der einfachste Weg zur DTB -

wöchentlich auf 10 Seiten

- nachvollziehbare Kauf- und Verkaufsempfehlungen! (Calls, Puts, Stillhalter-Engagements, Options-Strategien)

- DTB-Hintergrundberichte und -Grundlagen!

- Optionsanalysen und Charts aller DTB - Werte

- eigene Timing-Indikatoren!

- täglich aktualisierter Tonbandservice mit Dispositionshinweisen!

Wir machen Sie zum DTB-Spezialisten!

RUFEN SIE EIN GRATISEXEMPLAR BEIM VERLAG AB

THOMAS MÜLLER FACHVERLAG FÜR WIRTSCHAFTSINFORMATIONEN

TM-CHARTANALYST

Börsendienst für Anlageempfehlungen auf charttechnischer Basis

- Charts sagen die Wahrheit! -

wöchentlich auf 6 Seiten

- Konkrete Kauf- und Verkaufsempfehlungen nach charttechnischen Analyseverfahren.

- Trendanalysen von Zinsen, Währungen und Indices.

- Untersuchungen über das Kurs/Umsatzverhalten, die Rückschlüsse auf Insider-Käufer zulassen.

- Beobachtung von etwa 4000 national und international gehandelten Aktien.

- Gewinnabsicherung und Verlustbegrenzung durch konsequente, variable Stopp/Loss-Marken.

RUFEN SIE EIN GRATISEXEMPLAR BEIM VERLAG AB